● 牛津通识　○ 传记

A Very Short Introduction

加缪

[美] 奥利弗·格洛格
(Oliver Gloag) / 著

何赟 / 译

中信出版集团 | 北京

图书在版编目（CIP）数据

加缪 /（美）奥利弗·格洛格著；何赟译 . -- 北京：中信出版社，2024.4
（牛津通识 . 传记）
书名原文：Albert Camus: A Very Short Introduction
ISBN 978-7-5217-6298-3

Ⅰ . ①加… Ⅱ . ①奥… ②何… Ⅲ . ①加缪 (Camus, Albert 1913-1960) －传记 Ⅳ . ① K835.655.6

中国国家版本馆 CIP 数据核字（2024）第 014791 号

Copyright © Oliver Gloag 2020
Albert Camus: A Very Short Introduction was originally published in English in 2020.
This translation is published by arrangement with Oxford University Press.
CITIC Press Corporation is solely responsible for this translation from the original work and Oxford University Press shall have no liability for any errors, omissions or inaccuracies or ambiguities in such translation or for any losses caused by reliance thereon.
Simplified Chinese translation copyright © 2024 by CITIC Press Corporation
ALL RIGHTS RESERVED
本书仅限中国大陆地区发行销售

加缪
著者：　　[美]奥利弗·格洛格
译者：　　何赟
出版发行：中信出版集团股份有限公司
（北京市朝阳区东三环北路 27 号嘉铭中心　邮编　100020）
承印者：　河北鹏润印刷有限公司

开本：787mm×1092mm 1/32　　印张：5.5　　字数：88 千字
版次：2024 年 4 月第 1 版　　　　印次：2024 年 4 月第 1 次印刷
京权图字：01-2024-0567　　　　　书号：ISBN 978-7-5217-6298-3
定价：45.00 元

版权所有·侵权必究
如有印刷、装订问题，本公司负责调换。
服务热线：400-600-8099
投稿邮箱：author@citicpub.com

谨以此书献给特蕾西

目 录

III 前言 加缪,何许人也?

001 **第一章**
   生于阿尔及利亚的法国之子

031 **第二章**
   加缪,从记者到社论作家

053 **第三章**
   加缪与荒诞主义

079 **第四章**
   无缘由的反抗

099 **第五章**
   加缪和萨特——决裂使他们形影不离

119 **第六章**
   加缪和阿尔及利亚

141 **第七章**
   加缪的遗产

- 155 致谢
- 157 大事记
- 159 参考文献
- 163 插图来源
- 165 延伸阅读

前言 加缪,何许人也?

如今,阿尔贝·加缪已成为最著名的法国哲学家之一——虽然他并不以哲学家自居。同时,他或许也是全球最受读者欢迎的法国小说家。他的作品是众多电影,甚至是流行音乐的创作灵感来源,法国和美国的领导人也时常引用他的作品来表达赞许。

人们所敬仰的加缪究竟是何许人也?是那个在20世纪30年代勇敢无畏、孜孜不倦地探察法国统治下的阿尔及利亚卡比利亚地区本地居民的悲惨生活的记者吗?还是那个认为法国唯有保持对阿拉伯地区的有力控制才能自救的人？我们赞扬的对象是不是那个在德国侵略法国期间，在秘密抵抗报纸上发表文章的作家呢？我们岂能赞扬那个为了让自己的哲学论文通过纳粹的审查而同意删去论文中关于卡夫卡的章节的野心作家？我们是要颂扬那个在自己最出名的小说《局外人》中对婚姻、哀悼和社会流动性提出疑问的作家，还是那个在同一部作品中没有给任何阿拉伯角色取名字的作家呢？当我们谈到加缪时，我们指的是那个支持死刑的反抗者，还是那个后来又反对死刑的哲学家呢？

加缪内心深处充满矛盾。他是法国启蒙运动平等主义理念的坚定信徒，部分原因在于，加缪的父亲在第一次世界大战中牺牲，而法国政府给予了他们一家实质性的抚恤和帮助，并通过教育让他摆脱了童年时期的贫困。然而，他在那个时期经历的艰难困苦，以及他在法国殖民统治下的阿尔及利亚的成长经历，使他越来越清楚地看到，法国对阿拉伯人和柏柏尔人的压迫是如何背离这些平等主义理念的。在他的一生和作品中，加缪在回避这种矛盾和直面这种矛盾之间徘徊不定。最终，这种二元性塑造了他的身份。压抑和正视这种意识的矛盾冲动，在不同时期以不同的形式激发了他的写作热情。

本书概述了加缪的生平和作品，同时也没有回避加缪立场上的模棱两可，因为这是理解加缪的重要著作，以及探究他今日再度受到关注的奥秘的必要前提。

第一章

生于阿尔及利亚的法国之子

加缪的作品（尤其是《局外人》）常被认为是法国文学中不可多得的杰作。然而，他的身份认同问题和当时的历史背景却在殖民主义浪潮中越发突出，不容忽视。要想真正领略加缪的成就和他的作品所包含的模糊性，就必须深入了解他成长的时代背景。

阿尔贝·加缪（1913—1960）是一位法国作家，他出生于阿尔及利亚，在那里度过了童年和青少年时期，直到第二次世界大战中期。他的父亲吕西安·加缪是一个葡萄园工头，他的母亲卡特琳·埃莱娜·桑特斯是一名家庭主妇。两人于1910年11月13日在阿尔及尔以东约100英里①的蒙多维结婚。3个月后，他们迎来了第一个儿子小吕西安。3年后的1913年11月7日，阿尔贝·加缪降生于这个家庭。

加缪家族的根源与法国对阿尔及利亚的殖民统治密不可分。根据记载，在法国占领阿尔及利亚后不久，加缪的曾祖父克洛德·加缪于1834年来到了阿尔及利亚。加缪的外祖父艾蒂安·桑特斯于1850年生于阿尔及尔，而外祖母卡特琳·玛丽·卡多纳（婚后改名为卡特琳-玛丽亚·桑特斯）则是西班牙裔。加缪是典型的出生并成长在阿尔及利亚的法国人，即当时所谓的"黑脚"。在20世纪初，"黑脚"原本指那些在船上木炭舱里赤足劳作的水手，他们几乎都是阿拉伯人。到了阿尔及利亚民族解放战争时期（1954—1962），这个词的含义逐渐延伸至所有在阿尔及利亚出生和居住的法国人。（我会在本书中用这个词指代法国移民。）

加缪出生于第一次世界大战前夕，彼时的阿尔及利亚是法国的一个地区，包括3个省（奥兰、阿尔及尔、君士

---

① 1英里约为1.61千米。——编者注

坦丁）和3个军区，受总督的管辖。然而，在这片看似统一的领土上，却潜藏着两个截然不同的世界。对法国人生活的地区而言，当地的75万黑脚享有法兰西共和国赋予的一切权益和提供的保护。作为法国公民，黑脚在同一套法律体系下享受平等待遇——他们享有选举权，受到著名的法国革命口号"自由、平等、博爱"的熏陶。对阿尔及利亚的殖民地区而言，法国政府眼中的470万"穆斯林"不属于法国公民（虽然他们承担着法国国民的义务）。当地实施了一套严苛的律法，这些法律剥夺了阿尔及利亚人接受教育的权利，阻碍他们谋生，禁止他们说母语，压制他们的穆斯林信仰，还夺走了他们的土地。[在本书中，我将他们称作阿尔及利亚人（包括阿拉伯人和柏柏尔人），但法国政府常常称他们为原住民或穆斯林。]

加缪出生时，阿尔及利亚沦为法国的殖民地已经近一个世纪。1830年，为了转移国内势力对自身统治合法性的质疑，法国国王查理十世派军队入侵阿尔及利亚。自此，法国在阿尔及利亚的势力不断扩张。到1870年，阿尔及利亚一直处于法国军方的铁蹄之下，由一任接一任的军队将领实行统治。法国对阿尔及利亚的殖民统治经历了漫长的岁月，历史学家估算，在此期间，有超过600万阿尔及利亚人死亡。

在殖民的残酷征途中,法国吞噬了阿尔及利亚数百万英亩①的土地,摧毁了当地的农业。(他们一般会将橄榄树砍伐殆尽,改种葡萄树,为法国酒业提供原料。)在这段黑暗的岁月里,为了夺取领土,法军不惜采取各种暴行,如焚烧村庄、屠杀居民,或者将"敌军"赶入洞穴,然后放火堵住洞口,让他们在烟雾中窒息而死。这些罪恶行动得到了法国政府的正式批准,并受到了当时一些著名知识分子的赞扬,其中包括阿历克西·德·托克维尔,他在一份关于阿尔及利亚的报告中写道:"我认为战争法允许我们蹂躏这个国家,我们必须通过摧毁当地的庄稼……或者通过razzia(掠夺性的军事袭击)等突袭手段来实现这一目标……"

因此,阿尔及利亚人民多次掀起了反抗法国殖民统治的浪潮,其中最为壮烈的一次是由阿卜杜勒·卡迪尔领导的6年抗争,他曾在1847年被俘之前击败总督托马-罗贝尔·比若。然而,到1871年,阿尔及利亚最后一次主要的反抗运动也以失败告终。从此以后,法国文官政府统治

---

① 1英亩约为4 046.86平方米。——编者注

阿尔及利亚长达83年，直到1954年阿尔及利亚民族解放战争爆发。

童年时期的加缪或许并不知晓法国对阿尔及利亚的占领和殖民统治的历史真相。法国的教育体系灌输了一套与事实背道而驰的"官方"说法——"法国在原住民的挑衅下不得已而为之"。20世纪20年代的法国历史教科书在赞美"法国宏伟的殖民帝国"的同时，对法国在当地的烧杀抢掠、摧残战俘或没收土地等暴行视而不见。这种掩耳盗铃的态度持续了多年，直到2002年，法国才正式承认阿尔及利亚民族解放战争。

阿尔及利亚人二等公民的地位让年轻的加缪无法忽视，他在20多岁时对其发起挑战。在1871年最后一次起义被镇压及拿破仑三世倒台后，法国占领下的阿尔及利亚发生了剧变。在法兰西第三共和国的统治下，与阿拉伯和柏柏尔部落首领合作的军事政策被抛弃，新的文官领导层通过《原住民法典》取得对阿拉伯人和柏柏尔人的直接控制权。这部《原住民法典》与著名的法国《民法典》形成了鲜明的对比：后者曾是法国民治的法典，而今仍然如此；前者于1881年实施，1944年由戴高乐部分撤销，且该法典专门针对阿拉伯人和柏柏尔人制定了惩罚性法律和法规。就像以前在法属加勒比海岛屿上的奴隶一样，阿尔及利亚人需要获得许可才能离开自己居住的村庄。穆斯林的宗教活动受法国政府控制的程度日益严重（比如，许多古兰经学校被关闭，去麦加朝圣也极少被批准）。此外，由法国人担任法官的穆斯林专门法庭几乎没有上诉权。非欧洲人必须缴纳特别补充的"阿拉伯税"，且阿尔及利亚人不享有任何选举权。

在殖民大国的标准剧本中，一项经典的举措就是招募一个本土少数民族或宗教团队，并授予其特权地位，让其协助管理殖民地。法国试图对阿尔及利亚的犹太人使用此招，但最初的尝试毫无成果。居住在阿尔及利亚的犹太人与阿拉伯人和柏柏尔人有着相同的法律地位，也没有被视为真正的法国公民。1869年，尽管他们被授予法国公民身份，但几乎所有人都拒绝接受，因为阿尔及利亚的大多数犹太人都说阿拉伯语，他们与法国的联系并不比阿尔及利亚的其他原住民多。他们是彻头彻尾的阿拉伯人：他们是阿拉伯民族，信奉阿拉伯文化，说阿拉伯语。

法国政府将阿尔及利亚的犹太人表现出的这种冷漠态度视为一种拒绝，并于1870年10月单方面宣布所有阿尔及利亚的犹太人为法国公民。这一大规模归化事件以著名的《克雷米厄法令》的形式确定，引发了黑脚对阿尔及利亚的犹太人的反犹浪潮。几乎所有政党中的黑脚都忧心忡忡，因为阿尔及利亚的犹太人的入籍宣告了一件可能即将发生的事情：阿拉伯人和柏柏尔人最终也可能入籍，这将动摇黑脚在法属阿尔及利亚的特权地位。

从 1870 年开始，法属阿尔及利亚便笼罩在充满恶意的反犹情绪之中，暴力事件时有发生。当时，很多"反犹联盟"相继成立，甚至出现了一个备受民众拥戴的反犹政党。1897 年和 1934 年分别在奥兰和君士坦丁发生的两起大规模屠杀导致阿尔及利亚的许多犹太人伤亡。1940 年 7 月，法国陆军元帅贝当上台，《克雷米厄法令》被废除：阿尔及利亚的犹太人失去了法国公民身份，并再次沦落到与阿拉伯人和柏柏尔人一样的地位。这种情况一直持续到二战结束。

1870—1940 年，尽管遭到黑脚的持续诋毁，有时甚至是暴力攻击，阿尔及利亚的犹太人仍然是合法的法国公民。随着时间的推移，他们开始将自己视为黑脚，许多人甚至在脱离法国殖民统治的阿尔及利亚民族解放战争期间，转而支持法国。

法国政府从未考虑让所有阿拉伯人或柏柏尔人入籍，

却使用《原住民法典》对阿尔及利亚人实施司法隔离，同时推行逐步融合的政策。它把少数阿尔及利亚人纳入教育体系，培养他们成为法兰西共和国的内部精英，让他们为法国效力。这一看似自相矛盾的目标在绝大多数黑脚中引发了极大的争议。融合政策的实施十分有限，它意味着阿尔及利亚人获准进入公立学校接受教育，但这样的人很少，因为能够负担餐饮费（如果是寄宿学校，则还需要缴纳住宿费）的人寥寥无几。例如，就加缪所在的中学班级而言，全班 30 个学生中，仅有 3 个阿拉伯人。

一些受过良好教育的阿尔及利亚精英激进地推进更大的融合。1912 年，他们组成了一个名为"青年阿尔及利亚"的联盟组织，并在本塔米·奥尔德·哈米达的带领下，前往巴黎提交了《青年阿尔及利亚宣言》。该宣言并未直接否定法国对阿尔及利亚的统治，但确实要求废除《原住民法典》。它遭到法国政府的拒绝，然而青年阿尔及利亚运动在 20 世纪 30 年代发展壮大，成为一股组织严明的政治力量。1936 年，加缪本人支持废除《原住民法典》，并要求给予阿尔及利亚的少数族群公民身份。他期待法国能够真正践行其所宣称的人道主义精神，对阿尔及利亚人一视同仁。

1914年,第一次世界大战在欧洲爆发,法国征召阿尔及利亚人加入法国军队。几乎没有阿尔及利亚人心甘情愿为他们眼中的占领军而战。至少在一个记录在案的实例中,欧雷斯地区的居民奋起反对征兵。反抗遭到了法国政府的残酷镇压,他们轰炸了该地区,并杀害了数百名反抗者。在作为法国公民作战的阿尔及利亚人组成的规模颇大的分遣队中,有相当数量的士兵死在欧洲战场上,因为他们经常被派往最危险的战区。不仅如此,许多黑脚也倒在了战火中,其中就包括加缪的父亲吕西安。

加缪的三个父亲

吕西安·奥古斯特·加缪在第一次世界大战初期因伤势过重去世,当时他的儿子阿尔贝才1岁。加缪的母亲是个半聋的文盲,无力独自抚养两个儿子。因此,加缪在外祖母卡特琳-玛丽亚·桑特斯的家中小心翼翼地生活,逐渐长大成人。外祖母很严厉,经常打他,而且坚决反对他继续学业(她很有可能是《局外人》中那个无人悼念的母亲的灵感来源)。和他们同住的还有加缪的舅舅,一个近乎哑巴的制桶工人(他是短篇小说《沉默的人》的主人公原型），以及加缪的母亲和加缪的哥哥小吕西安。加缪一家和桑特斯一家总共5口人住在一套带室外厕所的小公寓里。加缪和他的哥哥小吕西安以及母亲住一间房，两兄弟挤在一张床上睡觉。

图1 1920年的阿尔及尔，加缪舅舅所在工厂的车间里，阿尔贝·加缪（7岁）穿着一套黑衣服坐在中间

直到去世时，父亲吕西安都是家里唯一的经济支柱。随着父亲的去世，年幼的加缪便被法国政府收养，而收养并不是象征性的。收养后，加缪和哥哥立即受到国家监护，

两人都享有终身免费的医疗保障和少量的津贴。加缪的母亲做了清洁女工,而且作为阵亡士兵的遗孀,她每年能领取800法郎的抚恤金。这笔钱虽不及黑脚的平均月薪,但与阿尔及利亚劳工在田间劳作一日仅能获得1法郎的收入相比,仍是一个不小的数目。

童年和青年时期的加缪有两个主要的导师:他的小学老师路易·热尔曼,以及他中学和大学时期的老师、哲学家让·格勒尼耶教授。他们在加缪的人生中扮演了至关重要的角色。正如法国教育世俗化倡导者、免费义务教育制度的创始人茹费理(1832—1893)所言,"教师实际上是法兰西共和国的士兵",他们的使命是成为家庭主人的助手,有时暂代一家之主之职。

在加缪的遗作、一部近乎自传的小说《第一人》中,他多次提到他与路易·热尔曼的关系,以及后者在他心中超出了教师角色的地位。热尔曼很快就注意到了加缪。为了帮助加缪赢得奖学金并顺利升入中学(否则就得支付非常高昂的学费),热尔曼来到加缪家,私下给他补课,却分文不取。同时,热尔曼的要求非常严格,经常用体罚来管教学生,年幼的加缪也不例外。当加缪被中学录取后,热尔曼劝说他的外祖母准许他继续学业,尽管这意味着他不能工作，没办法为家庭的收入出一份力。这个失去了父亲的孩子在民风彪悍的黑脚街区长大，在热尔曼（有时粗暴严苛）的培养和鼓励下，最终凭借奖学金升入中学，之后又完成了大学教育。这一切都归功于热尔曼的支持。我们能够想象，学校教育，尤其是法国文学这门加缪所擅长的学科，成为他摆脱沉闷的环境和贫穷的家庭的一条出路。

加缪对热尔曼的感激之情不是一时的。30多年后，他把自己的诺贝尔文学奖献给了这位小学老师，并说出了那句著名的致辞："没有您，没有您向我这个可怜的孩子伸出的援手，没有您的教导和表率，我绝不会成功。"

17岁那年，加缪通过了中学毕业会考的第一部分考试。时值1930年6月，恰逢法国军队在阿尔及利亚驻扎百年庆典活动期间，对于近百万黑脚来说，这是一场持续不断的狂欢。法国政府组织并资助了众多游行和音乐会，还为纪念碑和牌匾举行了揭幕仪式，开放了博物馆。这些活动都是为了赞颂法国的"开化使命"的荣耀。甚至是法国著名的左翼导演让·雷诺阿也受邀拍摄了一部颂扬殖民者的冒险电影《内地》。在600万阿拉伯人和柏柏尔人中，参加庆典活动的寥寥无几。加缪是否参加了这些庆祝活动？人们对他在这个阶段的生活细节知之甚少，只知道他和许多17岁的年轻人一样,喜欢加入当地的球队踢球。

1930年秋,加缪开启了本应是中学阶段最后一年的学习,但他的生活发生了翻天覆地的变化。12月的一天,他开始咯血。医院的诊断结果不容乐观:肺结核。肺结核的治疗手段仅限于保暖、休息和加强营养,而且这种疾病伴随终身。多年后,加缪告诉一位朋友,在医院的那天,他非常害怕自己性命不保,而医生脸上的表情是对他的恐惧的证实。他之所以恐惧不安,也可能是由于他待在穆斯塔法医院的一间公共病房里,那里的大多数病人都是阿拉伯人。一位传记作家表示,加缪被医院里恶劣的环境吓坏了,他想立刻回家。

从这时起,加缪的视角发生了根本性的转变,他无法忽略死亡的随意性和必然性。年仅17岁的加缪就已经意识到他自己终有一死。这种对死亡的突然认知会产生许多未知的影响。在他的第一部哲学著作《西西弗神话》中,对死亡的敏锐意识与他的荒诞主义理论密不可分。在他的小说中,死亡的逼近和随机性也是核心内容:在《卡利古拉》中,死亡的形式多种多样;在《局外人》中,死亡是注定的结局(但也是解脱);在《鼠疫》中,死亡源于疾病。

由于加缪长期缺席学校的课程,他的哲学课老师让·格勒尼耶教授亲自前往他的家中探望。对一个教授来说,这并不是寻常之举。加缪和格勒尼耶之后的通信以及格勒尼耶的回忆录都提到,在这次探望中,加缪寡言少语,似乎非常冷淡。但根据加缪事后的描述,他深受老师到访的感动,无法用言语表达内心的感激之情。这次探望标志着两人之间长达一生的友谊正式开启。格勒尼耶也许是加缪一生中最重要的思想导师。对年轻的加缪来说,格勒尼耶是一位真正的思想引路人和政治导师。加缪后来将自己的第一本书——名为《反与正》的散文集献给格勒尼耶。

格勒尼耶不仅是一位大学教授,更是一位完全拒绝正统或制度的自由思想者。在认识加缪以前,他已经发表了两篇哲学论文。最关键的是,格勒尼耶在巴黎也有些人脉。他曾在著名的《新法兰西评论》杂志社工作,这本刊物的特色是刊登法国文学黄金时代最优秀的作家们的作品。他认识安德烈·马尔罗、安德烈·纪德、亨利·德·蒙泰朗和马克斯·雅各布等杰出的文学大家,并曾与他们共事。在年仅19岁的加缪的一则日记中,可以明显看出格勒尼耶在加缪思想生活中的重要地位:

> ……阅读了格勒尼耶的著作,他在书中的形象令我心生敬意和爱慕……与他共度的两个小时总是能带给我更多的启迪。不知何时我才能够完全领悟到自己对他的亏欠。

但在1931年年初,年轻的加缪不得不直面肺结核迅速带给他的切实后果。医生建议他搬离位于阿尔及尔贝尔库尔街上的那套狭小公寓,那儿不是一个适合长期疗养的地方。很快,加缪搬到了他的姨父古斯塔夫·阿尔考特的家中。阿尔考特也住在阿尔及尔,他的妻子是加缪的姨母安托瓦妮特·桑特斯。从此,加缪再也没回自己家。阿尔考特是一个性情古怪、留着八字胡的屠夫,他很喜欢在当地的咖啡馆里高谈阔论。此外,他热爱阅读,书架上摆满了伏尔泰、阿纳托尔·法朗士和詹姆斯·乔伊斯的作品。

加缪读着阿尔考特的藏书,并在阿尔考特的肉铺里帮工,姨父有意将他培养成接班人。在与没有子嗣的阿尔考特夫妇相处的日子里,加缪的生活比起在外祖母家里时相对宽裕。他拥有自己的房间,每天都能吃到红肉。(吃红肉是医嘱:20世纪30年代的法国医生认为红肉是治疗肺结核的良方。)多年后,当被朋友问及这段时光时,加缪认为阿尔考特在他的人生中扮演着"某种"父亲般的角色。

肺结核对加缪生命的持续威胁在某种意义上给予他一种解放感。在阿尔考特家中,加缪在格勒尼耶越发大力的指导和支持下全身心投入学习。加缪的思想也发生了变化。他将自己对死亡必然性的认识与自由联系起来,这一主要悖论成为他未来作品的核心。

休养6个月后,加缪返校完成了中学阶段最后一年的学习,之后他获得了奖学金,得以参加为期两年的法国国家大学考试预备课程。这一课程非常严格,成功通过考试通常意味着能够进入巴黎的精英学校——巴黎高等师范学校,而且同时几乎可以自动获得法国教育体系中最有声望的职位。但是,仅学习了一年预备课程,加缪就放弃了进入巴黎高等师范学校这个目标。在阿尔及利亚,没有任何地方能提供第二年的预备课程,若要完成学业,他只能住在巴黎,但这样的话,他的经济压力就太大了。同时,不断恶化的健康状况也成为他继续学业的一个主要障碍。

这次挫折并未击垮加缪,他继续探索不同的道路。在格勒尼耶的激励下,加缪似乎已经下定决心凭借自身能力成为一名作家。他在阿尔及尔继续自己的学业,注册入学攻读了相当于文学硕士的学位。然而,一年后,他改变了研究方向，转而专攻哲学。由于放弃了预备课程，加缪失去了高额奖学金，不得不通过工作来赚取学费。他一直是这么做的：在中学期间，他夏天在一家杂货铺打工，后来在他姨父的肉铺里帮工；上大学后，他做过家教，夏天在阿尔及尔市机动车注册管理办公室兼职。他尤其讨厌这份体制内的工作，认为它让人思想麻木。他一直处于经济拮据的状态，直到1934年娶了富家女西蒙娜·伊埃为妻。

伊埃是加缪世界里的谈资，她因大胆的着装和轻佻的行为而名声在外。在20世纪30年代父权制盛行的阿尔及尔，行为轻佻无异于秽闻。加缪对她一见钟情，但是面临着一个棘手的问题：她是加缪的好友马克斯-波尔·富歇的未婚妻。马克斯经常为社会党的一些激进任务东奔西走，就在他有一次完成任务回来之后，加缪告知他，伊埃不会再回到他身边了。

1934年，加缪与伊埃成婚。彼时，加缪21岁，伊埃20岁。伊埃的母亲是一位成功的眼科医生，因此，在价值观和阶级方面，伊埃代表着另一个世界，这也许正是她的部分魅力所在。当然，一个清洁女佣的儿子娶了一位富有医生的女儿，在这个世界里也算是一种进步。二人刚完婚，伊埃的母亲便出资给两位新人在城里一个好地段买了一套公寓，公寓离让·格勒尼耶的住所很近。这件婚事让阿尔考特夫妇印象深刻，他们给这对新婚夫妇寄了一些钱，并借给他们一辆车。

然而，这段婚姻从一开始就是不和谐的，经历了多次决裂与和解。与加缪不同，伊埃没能通过中学毕业会考，也似乎缺乏人生的目标和方向。她还对阿片类药物上瘾。随着婚姻的持续，她的药瘾越来越明显，在康复中心待的时间也越来越长。1936年，在前往欧洲的旅途中，加缪发现了一封寄给他妻子的信。写信人是一位为她提供阿片类药物的医生，也是她的情人。这封信是压垮加缪的最后一根稻草：不管出于何种原因和目的，总之，他们短暂的婚姻结束了。一回到阿尔及尔，加缪就搬出了公寓。两人最终于1940年2月办完了离婚手续。

加缪在阿尔及尔继续他的学业，同时顺利准备另外一场全国性考试：高校教师资格会考。如果通过这场关键的考试，加缪就能够像让·格勒尼耶一样，跻身重点中学教师的队伍，获得政府雇员的身份，拥有大把的空闲时间来追求文学梦想。对加缪来说，学校教育和自身学习从根本上讲只是一种手段来实现最终目的：有时间写作。甚至他的良师益友让·格勒尼耶似乎也质疑他对学业的专注。后来，在另外一本赞美他这位最负盛名的学生的书里，格勒尼耶提到，加缪"并非一个手不释卷的读者"。尽管如此，在大学的学习常常影响着加缪。比如，一门关于罗马皇帝的课程可能激发了他对第一部戏剧《卡利古拉》的主题内容的创作灵感，他大概在上这门课时就开始了这部戏剧的创作。

尽管加缪对学习缺乏热忱，但为了参加考试，他不得不完成一篇真材实料的毕业论文。论文名为《基督教与新柏拉图主义的形而上学：圣奥古斯丁和普罗提诺》。加缪的授权传记作者奥利维耶·托德详述了加缪对很多资料来源未标明出处，有时甚至把其他学者的作品冒充为自己的。托德淡然总结道，加缪是一个"pompeur"（法语俚语，意为剽窃者）。审阅过加缪论文的学术委员会（成员包括格勒尼耶）似乎并不在意这种违规行为，于是加缪拿到了文凭。

1936年春，22岁的加缪手持毕业证书，准备参加高校教师资格会考，想要与格勒尼耶一样，加入精英中学教师的行列。然而，这没有成为现实。

加缪:一个雄心勃勃的作家

加缪最早期的作品主要是他中学最后一年以及之后的论文。让·格勒尼耶鼓励他把这些论文投稿给学校的刊物《南方》。加缪在这一时期的作品,无论是发表的还是未被采用的,都表露了一种浪漫主义的观点:他赞美大自然,特别是太阳和它的光芒;他拒绝进步,并把它比作监狱。在其中一篇有关音乐的文章中,他指出,伟大的音乐和伟大的艺术不可能也不会被世人理解。

在加缪作家生涯的早期阶段,他对学术知识的矛盾心理已经显现。在他早期的一篇未公开发表的文章中,他构想了一段第一人称叙述者与一个疯子之间的对话。在这段对话里,他写道,"拒绝认知是一种解放,是通往灵魂自由的决定性的一步"。这种对接纳不可知事物的赞美传达了荒诞主义的某些意味,而荒诞主义正是其后加缪在《西西弗神话》中详细阐述的。在同一篇未公开发表的文章的另一段,叙述者站在自家阳台上看着路人,而疯子则告诫他不必去理会这些未经审视的生命。《局外人》靠后的一部分文字成为"疯子"这种人生态度的缩影:从阳台上俯瞰那些循规蹈矩地生活的人。这些篇章和其他许多篇章一样，都表明加缪在年纪轻轻之时就已经感到自己与那些没有生活觉悟的人格格不入。

他在这个时期的作品相当抒情达意。在探索自己作品风格的过程中，他尝试了各种各样的文体：诗歌、散文，甚至童话。如果将他和一位画家相比，那么他早期的思想观点与透纳的一些抽象画作最为相似。在这些作品中，太阳的光芒盖过了一切，相比之下，人类微不足道。彼时的加缪奉艺术为宗教信仰[他几乎总是将 art（艺术）这个词的首字母大写]，他的观点深受那些"为艺术而艺术"的倡导者的影响。他极度仰慕 19 世纪的诗人夏尔·波德莱尔——实际上，有记录显示加缪和他的朋友们朗诵过波德莱尔的一首诗《陌生人》。这首诗对加缪的重要性不言而喻，因为它与加缪最著名的小说在标题和某些主题上契合①：

"您最爱谁，神秘的男人？告诉我。您最爱您的父亲、您的母亲、您的姐妹还是您的兄弟？"

"我无父无母，也没有兄弟姐妹。"

---

① 二者的英文标题同为 *The Stranger*。——编者注

"最爱朋友?"

"您用的这个词,它的意思我直到今天都一无所知。"

"那么,最爱您的祖国?"

"我甚至不知道它位于哪个纬度。"

"最爱美人?"

"美人?我会一片赤诚地爱慕她,如果她是永生不朽的女神。"

"最爱黄金?"

"我憎恶黄金就如同你憎恶上帝。"

"哎呀!那么这位不同寻常的陌生人,您究竟爱谁?"

"我爱云彩……那些飘过天空的云彩……就在那儿……就在那儿……多么奇妙的云彩啊!"

在着装上,加缪也效仿了波德莱尔的时髦风格:他打着领结,身着双排扣西装,头戴一顶毡帽,脚上穿着白袜(见图2)。这身装扮完全掩盖了他出身卑微的事实,但是他的作品,尽管没有明显的自传性质,却无疑透露了他的出身。他在作品中谈及家人、邻居以及自己的生活故事,

图 2 年轻的加缪在佛罗伦萨，穿着时髦

包括他在被诊断出肺结核那天在拥挤的病房里的经历。在《反与正》中，加缪描述了他在贝尔库尔街边那套狭小公寓里的生活。在第二篇题为《讥讽》的散文中，他如此刻画他的家庭：

> 一家五口住在一起：外祖母、她的二儿子、她的大女儿，以及大女儿的两个孩子。儿子几乎

是个哑巴,女儿残疾且头脑迟钝。女儿的两个孩子中,小的还在读书,大的在保险公司工作。

如同加缪的现实人生一样,文中的外祖母去世了,而她女儿的小儿子(代表现实中的加缪)完全没有感到一丝悲伤。在文中,只有太阳和天空的美才能激发真实且令人精神振奋的情感。

在加缪的这篇文章及其他作品中,日常生活的艰辛和死亡的必然性成为重要的主题。但那些与大自然融为一体的瞬间仍然散发着强大的力量和生机。他的许多散文以一种对立共生的方式呈现主题:一方面,虚无的生命注定走向死亡;另一方面,自然能够带来片刻的欢愉,甚至是极乐。加缪将这极乐的时刻命名为"bonheur"(法语的"幸福"),它比英语中的"幸福"一词更加深沉有力。在加缪的作品中,没有什么比"bonheur"时刻更强烈、更积极了:在这个恶意满满又毫无意义的人类世界中,这些极乐的时刻就是终极目标,是转瞬即逝但可重复出现的慰藉。

年轻的加缪与政治

起初,加缪看上去似乎是个对政治漠不关心的人。在早期的作品中,他曾公开宣称反对进步,显然偏爱那些专注于"为艺术而艺术"的作家,而非那些投身社会运动和政治运动的艺术家,比如法国学校所推崇的伏尔泰和左拉。(一些研究加缪的专家猜测,他在中学时期可能担任过一份支持阿尔及利亚独立的小型激进报纸 *Ikdam* 的编辑,但没有确切的证据支持这一说法。)虽然他知道阿尔及利亚人的困境,但没有记录表明他与中学里为数不多的阿尔及利亚学生交好或有过有意义的互动。多年后,当他写信给格勒尼耶讲述自己穷困潦倒的青少年时代时,他从另一个角度对比描述了自己的处境:"虽然我贫穷,但如果我是阿拉伯人,那么情况会更糟。"

然而,出人意料的是,1935 年秋,未满 22 岁的加缪加入了法国共产党,并被分配了在阿尔及利亚招募党员的任务。对于他的这一政治献身,有几种可能的解释。这似乎与他早期的著作没有直接关联,也与他后来反对共产主义和苏联的声明矛盾。虽然格勒尼耶本人并不是共产党员,但他鼓励加缪入党。20 世纪 30 年代的法国共产党是一个接纳有抱负的知识分子的组织,这个事实无疑影响了格勒尼耶的建议。法国文学史上许多伟大的人物要么是共产党的支持者,要么是共产党员。而在加缪加入共产党时,他当时最崇拜的两位作家纪德和马尔罗是他的同路人。

但是,加缪并不是一个马克思主义者,他对马克思的作品也无半点儿兴趣。加缪入党的部分原因在于,他在这个组织里可以倡导一种折中方案,以解决阿尔及利亚各群体在某些方面日益加剧的动荡状态。他希望逐步实现阿尔及利亚人法兰西共和国公民化,主张废除《原住民法典》,并支持授予筛选出的少数阿尔及利亚精英公民身份。这种折中方案将作为一种途径安抚要求独立的阿尔及利亚政治团体中日益增长的不满情绪。授予少数阿尔及利亚人公民身份的构想成为拟议的布鲁姆-维奥莱特法案的基础,该法案以法国总理莱昂·布鲁姆和法案的主要发起人、阿尔及利亚前总督莫里斯·维奥莱特的名字命名。

加缪力挺该法案。他撰写了一份请愿书《知识分子支持维奥莱特法案宣言》,在其中力主废除他认为不人道的《原住民法典》。加缪还提到,维奥莱特法案符合国家利益,因为它向阿拉伯人展现了法国有人情味的一面,并强调这一点是法国必须做到的。如此一来,加缪所支持的是一个既有战略意义又有争议的立场：有人性的殖民主义，其最终目的是维护法国在阿尔及利亚的统治。

加缪自认有充分的理由相信，拒绝对阿拉伯人让步，会给法国这个殖民大国带来极其严重的后果。这也是维奥莱特的观点。他向黑脚发出了严正警告：若不能达成折中方案，就将进一步增强阿尔及利亚人支持与法国彻底决裂和独立的可信度。但是他的这一警告并未引起重视。面对黑脚的强烈反对，该法案并未通过立法，在1937年秋被驳回。法国共产党也放弃了对这项折中法案的支持，这使得该党流失了部分阿拉伯成员，加缪也因此意志消沉。至于加缪是主动脱离该党还是被其除名，至今仍存在争议。但可以确定的是，在布鲁姆-维奥莱特法案失败后，加缪去意已决。

加缪的共产党员经历永久地影响了他的人生和艺术创作事业，尽管这与共产党所期望的相左。在这期间，他最重要的遗产可能是与别人合作创办的一个名为"劳动剧院"的剧团。他还与人合著了一部激进的戏剧（《阿斯图里亚斯起义》），讲述了西班牙内战前夕阿斯图里亚斯地区爆发矿工起义的故事。该剧虽然力挺起义的工人，但同时也展现出加缪的政治信仰中引人注目的模棱两可性。据称

(根据该剧作的标准法语版),加缪在剧中严厉批评了西班牙政府、矿工及其政党引发的暴力行为。在他看来,革命暴力与国家暴力一样不可接受。对一部描写西班牙内战前夕事件的剧作来说,这是一个非常奇怪的立场。因为在那个时期,艺术家和知识分子纷纷支持西班牙共和党人士,后者与弗朗西斯科·佛朗哥交战并最终失败。革命暴力问题随即成为加缪作品中常见的主题,并出现在他后来与萨特的辩论以及他的戏剧《正义者》中。

加缪在短暂的共产党员生涯中首次对外展现出他敏锐的认知——他意识到了法国殖民主义的不公正,而这个意识在此之前一直隐藏在他的内心深处。的确,在加入共产党后,加缪一改之前对殖民现状的缄默态度,转而决定主动面对这个难题。然而,他的立场是一种妥协:他希望对殖民主义进行改革和调整,但从未质疑法国对阿尔及利亚领土的统治权,也从未支持阿尔及利亚的独立。在首次经历了革命政治和议会政治后,加缪意识到,面对绝大多数黑脚的坚决反对,他倡导的让阿尔及利亚人更好地融入法国殖民体系的目标几乎不可能实现。后来,当批评者提及加缪曾是共产党员时,他表达了不满。这也许是因为他作为一个政治活动家的经历让他深刻地意识到,阿尔及利亚人和黑脚之间的裂痕难以弥合。

在加缪脱离法国共产党前后,他以剧作家和演员的身份专注于剧团事务。尽管他是劳动剧院的成员,也有过不少女友,但他的真爱是弗朗辛·富尔,一个在数学和音乐方面聪慧过人的学生。尽管加缪的求爱并没有立刻得到回应,但他仍然持之以恒地追求她,最终赢得了她的芳心,她成为加缪的第二任妻子。

为了维持生计,加缪在阿尔及尔气象研究所谋得了一份书记员的差事。他的文学创作颇丰:他完成了一部戏剧(《卡利古拉》)、一部小说(他去世后才出版的《快乐的死》)和散文集(《婚礼》),并尝试和朋友一起创办了一本文学期刊(出版了两期)。但在1938年10月,又一次挫折改变了他的人生轨迹。在当年10月8日按要求进行体检后,加缪因健康状况不佳而被法国教育系统依法拒绝招入公务员系统。(为了节约国家资源,预期寿命较短的公民不能成为政府雇员。)加缪对这一决定提起申诉,但无济于事。他肯定觉得,他从小学到大学付出的所有努力在某种程度上都变得毫无意义。他终究没能追随格勒尼耶的脚步成为一名教授。

几乎就在他得知自己被拒的同时,一次至关重要的偶遇再次改变了他的人生轨迹。就在那个 10 月，加缪认识了帕斯卡尔·皮亚，一个来自巴黎的记者，他踌躇满志，想要在阿尔及尔创办一份左翼日报《阿尔及尔共和报》。皮亚和加缪有许多共同点。两人都因为战争失去了父亲，由母亲抚养长大，而且都是波德莱尔的崇拜者。皮亚希望加缪能担任《阿尔及尔共和报》的副主编兼记者。尽管有些犹豫，加缪还是接受了对方的邀请。（加缪在给格勒尼耶的一封信中坦言，如果他没有被法国公务员系统拒于门外，他就不会加入皮亚的报社。）

尽管加缪看上去有些不情不愿，但他很快就欣然接受了这份新工作。他的身影穿梭在报社各个部门：他在印刷室印报纸，做文字编辑，处理报社的法务工作，但最出名的是当调查记者和社论作家。加缪对新闻事业的投入将贯穿他的余生。他在撰写的众多（超过 150 篇）文章中质疑政府，并最终成为法国最负盛名的抵抗报纸的编辑。然而，在 1938 年，第二次世界大战前夕，加缪才开启了一段作为真正意义上的黑幕揭露者的职业生涯。他最常攻击的目标是谁呢？法国殖民政府。

第二章

加缪，从记者到社论作家

在纷乱动荡的20世纪30年代，加缪成为一名报社记者。彼时，希特勒已经在德国掌权。西班牙内战的战火蔓延了两年，最终在1939年以佛朗哥成功开启军事独裁统治告终。与此同时，法国的左翼政党联合起来组建的一个多党派联合政府接管了政权，并产生了法国历史上第一任犹太裔政府首脑——莱昂·布鲁姆。布鲁姆上台后，工人接管了全国各地的工厂，这一行动促使新当选的政府颁布了众多进步的社会改革措施，包括缩短工作周和保障带薪休假。这些政策极大地提高了大多数法国本土公民的生活质量。这场运动、发起这场运动的政府及其政策都被称为

"人民阵线"。

在这种背景下,加缪继续以记者的身份在帕斯卡尔·皮亚的《阿尔及尔共和报》致力于伸张社会正义。这是一家小报社,职员只有寥寥几个。加缪负责司法板块——他在《局外人》中充分利用了这段经历。皮亚不仅是报社的总编辑和左翼记者,还是一位作家,也是人民阵线的拥趸。《阿尔及尔共和报》报头的副标题为"工人报"。尽管它刊登的社论支持西班牙内战中的民主派,但它也倾向于对希特勒领导的德国采取绥靖政策。

加缪在1938年10月发表了一篇简短的社论,这是他最早的观点之一,非常符合人民阵线的精神,即关注法国工人阶级的利益——但有些工人比其他工人更受关注。加缪的核心观点在于,人民阵线通过罢工争取的工人工资的增长被生活成本的上涨抵消了。他呼吁道,工资应当与生活成本挂钩。但是,阿尔及利亚执行双层工资制度,黑脚工人的时薪从6法郎涨到了7.2法郎,而阿尔及利亚工人的时薪从1.4法郎涨到了2.3法郎。加缪虽然提及了这一点,但并没有质疑这一制度的不合理性。他引用这些数据并不是为了批评原住民工人和欧洲工人之间的待遇差异,而是为了谴责一个事实:与阿尔及利亚同行几乎翻了一番的工资增幅相比,黑脚工人的加薪微乎其微。加缪的推理基于殖民地等级制度:他理所当然地认为黑脚工人的薪酬仍该是阿尔及利亚工人的好几倍。我们可以从这篇早期的社论中窥见加缪模棱两可的政治立场:他期望人人享受公正,但这种公正只限定在不公正的殖民社会框架里。

加缪对殖民秩序的矛盾心理,在他的另一篇文章《我们从人类中抹去了这些人》中显露无遗。在这篇文章中,他描述了他对一艘运送 609 名未判决囚犯的监狱船的探访。他的文章直指船上恶劣的生存环境:舱室拥挤不堪,有 4 个逼仄的囚笼,每个囚笼里面挤满了 100 个犯人;那里灯光微弱,几乎看不清。加缪非常不安地写道:"我在这里并不觉得自豪。"然而,当其中一个犯人找他要根香烟的时候,加缪将这种行为解读为一种对同情和人性的渴望。他陷入窘境:援引法律和社会规则将是徒劳的,所以他对囚犯的请求佯装不见。加缪面对囚犯所缓慢流露的痛苦情感,揭示了一个问题:他同情被压迫者,但是不会为此而违反规则。这种两难境地放大来看,就是加缪面对殖民主义所处的困境。

那个找他要烟的男人持续在加缪的脑海中出现。加缪对法国政府的这些囚犯没有明确的立场。他猜测,这些囚犯最可怕的处境在于他们没有任何求助的途径。在加缪中立的声明背后，他希望囚犯们能够拥有对判决的上诉权。在此，加缪改良主义的态度再次隐晦地显现。他并不想对抗现有的司法制度，只想改革这一制度，为被剥夺权利者提供更多的保护。他的理想是建立更为人道的殖民体系。

一篇名为《不幸的逮捕》的短文道出了加缪对阿尔及利亚人权利的立场。1939年7月14日，法国的巴士底日（法国国庆日），数千名隶属由梅萨利·哈吉领导的阿尔及利亚人民党的激进独立分子举行示威活动，反对殖民统治。3名示威分子和4名政党领袖被羁押，后被暂时释放。法国人民阵线政府曾经取缔了哈吉的前一个政党"北非之星"。现在，他所组建的这个新政党中的激进分子又遭到了法国殖民当局的骚扰、殴打和监禁。法国当局的这种行为激怒了加缪。为什么？因为用他的话来说，"这种行径……损害的是法国的声誉和未来"。

随后，加缪呼吁释放那3名示威者，在1939年的法属阿尔及利亚，这是一种无畏的立场。然而，加缪在社论的结尾透露，他的目标并非最初看起来的那般激进："……消除阿尔及利亚的民族主义的唯一方法，就是消除它的根源的不公正。"这句话是加缪在阿尔及利亚问题上的核心立场：他想消除阿尔及利亚的民族主义，并认为安抚和解是实现这一目标的最佳途径。他敏锐地察觉，法国对阿尔及利亚毫不退让的强硬态度将会埋下祸根。因此，他提议释放被羁押的那几个人，并广泛倡导促进阿尔及利亚人享有更多的社会权利和更好的生活——但条件是仅限于法国的殖民统治下。

简而言之，加缪赞成同化。他想寻求一种最佳途径，让阿尔及利亚人保持法国人的身份，同时维持法国在阿尔及利亚的殖民统治。这一立场是他最著名的关于卡比利亚地区的系列文章的核心。

卡比利亚的报告文学

卡比利亚是阿尔及利亚的一个山区，聚居着柏柏尔族的卡比尔人。卡比尔人是抵抗法国入侵最顽强的力量之一。早在1830年，他们就开始与法国侵略者作战。直到1857年，法国才勉强控制了该地区。哈吉领导的亲独立政党的大多数创始成员都是卡比尔人。法国对此的回应是漠视——从人道主义和战略角度出发，加缪强烈反对这种做法。

加缪撰写了一系列共 11 篇文章，记录了他造访卡比利亚山区的小村庄时的所见所闻，以及他与当地人的对话，还穿插了一些关于该地区学校教育、人口预期寿命等方面的相关数据和事实。在名为《卡比利亚的苦难》的系列文章中，加缪笔下勾勒出山区匮乏的自来水供给和排水系统、恶劣的居住条件，然而其中最为严重的问题莫过于医疗资源的匮乏。近 20 年后，在 1958 年阿尔及利亚民族解放战争期间，加缪重新刊登了这 11 篇文章中的 7 篇，力图表明他对阿尔及利亚人，尤其是对卡比尔人的持续关注。

然而，未被选中的那 4 篇文章却包含了一些最具说服力的内容。在第一篇文章《衣衫褴褛的希腊》中，加缪描述了他目睹卡比尔人的凄惨境况后的反应：

> 我无法忘记原住民城市迈奈耶勒堡的一位居民，他向我展示了他女儿的尸体，那是一个瘦骨嶙峋的小孩儿，衣衫破烂。他告诉我："如果我能让这个小女孩暖衣饱食、干净体面，你不觉得她会像任何一个法国女孩一样美丽吗？"我怎么能够忘记他？我的心里充满愧疚，这种愧疚或许不该只由我一人承受。

加缪试图提高他的黑脚读者的觉悟,但是他采取了一种圆滑的方式。他强调了自己的愧疚感,并希望其他人也能对卡比尔人的困境做出类似的反应。

这些文章也试图另辟蹊径,拉近与大多数黑脚读者的距离。文章宣称,卡比利亚和整个阿尔及利亚,都是法国的责任范围,因为阿尔及利亚是一个国家。加缪写道,"我们通过自己的努力做到了",这一说法是对法国占领阿尔及利亚的淡化。就在这篇文章的最后一句话里,加缪宣称肩负任务的法国应该考虑到卡比尔人的需求和义务。这种观点后来被许多卡比尔人诟病为宗主国家长式的殖民统治。然而,在刊发时,加缪的文章被视作一种呼救——呼吁为卡比利亚的基础设施建设提供资金。

尽管后来阿尔及利亚的知识分子对此做了表态,但《卡比利亚的苦难》在西方,尤其是在法国,一直被视为一系列"反殖民主义"的文章。这种观点导致人们认为,加缪本人就是反殖民主义者。的确,他希望卡比尔人能有更好的生活条件、更长的预期寿命、更高的工资和更丰富的教育资源,但这一切都要在法兰西帝国的权威下实现,加缪从未质疑过这种权威。加缪想要改革殖民主义,而不是废除殖民主义。

然而，为了给阿拉伯人和柏柏尔人争取更好的生存条件，加缪奔走呼喊，却激怒了法国殖民当局。实际上，加缪支持殖民地改革的新闻激进主义是法国当局最终断绝对《阿尔及尔共和报》的资助并将其关闭的导火索之一，尽管主要导火索是这份报纸主张和平解决殖民问题。这份报纸在1939年9月发行了最后一期，但它的姊妹刊物《共和晚报》仍在继续发行。皮亚和加缪心知肚明，他们在法属阿尔及利亚从事新闻报道的日子已经所剩无几。他们提出的殖民改革方案无论多么温和，都遭到了阿尔及利亚和巴黎的政客、黑脚舆论及地方当局的反对。

加缪担心，由于黑脚当局人士的顽固不化，那些更激进方案的支持者，即阿尔及利亚独立的支持者会占上风。黑脚不愿与阿尔及利亚人分享任何资源，而实际上，在20多年后，他们将一无所有。在此期间，加缪决意回避这个问题。他的荒诞主义理论——世界毫无意义且无法解释——从他对阿尔及利亚政治改革的立场中也可见一斑。他不再尝试做出改变，或者确切地说，不再试图去理解这个世界。

反战

就在二战爆发前夕,皮亚和加缪表示支持《慕尼黑协定》,并赞同与希特勒和平相处。法国当局不欢迎这种观点,加缪关于这个话题的许多文章都遭到了审查删改。加缪在一篇题为《我们的立场》的文章中解释了自己的观点。他认为,与希特勒谈判是削弱这位德国领袖的威望的唯一方式。在加缪看来,希特勒的声望主要源于不公正的《凡尔赛和约》(该和约迫使德国在一战后向英法两国支付巨额赔款)。加缪写道,希特勒的一些主张是合理的,以及尽管他不赞成侵略波兰和捷克斯洛伐克,但是他觉得没必要为此发起一场战争。加缪的和平主义立场也许与其父在一战中阵亡有关。当然,加缪和大多数法国公民一样,对杀戮感到恐惧。这种恐惧和疲惫的情绪在当时的法国非常普遍,也往往被认为是法国一击即溃的重要原因之一。

加缪和皮亚对希特勒的绥靖立场很快变得难以为继。面对政府的严格审查和竞争同行的恶毒攻击,加缪援引了英国政府和新闻界对他的立场的支持。在加缪撰写的有关战争话题的最后一批文章之一中,他给一个年轻的英国人写了一封信,盛赞对方的克制和清醒,借这种方式表达了自己对和平主义的支持。在这些为自己辩护的文章中,加缪声明:"我们是坚定的和平主义者。"他拒绝反对希特勒的立场受到了自身虚无主义的影响,而这种虚无主义在他于二战后出版的戏剧《卡利古拉》中得到了进一步发展。与此同时,他用笔名"尼禄"(另一位疯狂的罗马皇帝)发表了许多持和平主义立场的文章。然而,加缪的虚无主义略带理想主义色彩,因为他相信欧洲战争的到来将会证明民族主义应受到谴责。

1940年5月,德国进攻法国。法国军队迅速溃败。6月中旬,纳粹德国国防军占领巴黎。7月,法国议会以压倒性数量的投票结束了法兰西第三共和国,并将全部权力移交给希望与希特勒和谈的马歇尔·贝当。法国被一分为二,一部分是德国占领区(包括整个西部和北部海岸地区以及巴黎),另一区域由位于温泉小城维希的傀儡政府统治。维希政权的管辖区域包括地中海沿岸及其通向阿尔及利亚的通道,这对加缪来说非常重要。因为在这个所谓的自由区中,出行似乎变得更为便捷,而加缪在整个战争期间都在这两个区域间穿梭。

失业的加缪不得不再次另谋生路。在皮亚的推荐下,加缪前往《巴黎晚报》工作,这是一份他嗤之以鼻的每日报纸。加缪住在巴黎的一家小旅馆里，专心写作。德国入侵法国后，《巴黎晚报》迁到自由区的里昂。于是，加缪邀请他的未婚妻弗朗辛·富尔从阿尔及利亚赶来和他团聚。富尔此时已经完成了学业，成为一名数学代课老师。两人于同年12月在里昂成婚。这是一场简单的婚礼：皮亚和报社的工作人员是婚礼的见证人，也是仅有的宾客。不幸的是，在德国占领期间，一切都变得不可预测。纸张配给制度导致报业出现大量裁员，加缪也失业了。由于看不到就业前景，他和富尔不得不搬回阿尔及利亚，住进女方在奥兰的家中，因为当时的他们无处可去。

抵抗运动和《致德国友人书》

在奥兰小城这个加缪不喜欢的地方，他煎熬着生活了一年半。他在这里找不到稳定的工作，健康状况也严重恶化。加缪决定听从医生的建议，回到法国，在山区静养一段时间。1942年8月，他来到靠近圣艾蒂安的一个名叫勒帕内利耶的小村庄。加缪原本计划在山里待上几个月后就重返阿尔及利亚和妻子团聚。然而，在1942年11月美国登陆北非后，德国军队入侵了法国的自由区，法国遭到围困。法国与阿尔及利亚之间的交通线路被切断。加缪和富尔被迫分离，直到1944年9月她回到巴黎，两人才重聚。加缪在勒帕内利耶度过了1943年的夏天。他感到非常无聊，不喜欢和村民们待在一起。他想念阿尔及利亚，也想念富尔。但除此之外，他还邀请了前女友布朗什·巴兰前来探望他。除了去里昂、圣艾蒂安，加缪偶尔前往巴黎，他大部分时间都在创作第二部小说《鼠疫》。尽管他在1943年夏就知道帕斯卡尔·皮亚和著名诗人弗朗西斯·蓬热（加缪一直和他保持通信）参加了抵抗运动，主要是发行一些揭露侵略者罪行的小型地下报纸，但是加缪并没有加入他们。他在1943年12月或1944年1月才加入了抵抗组织，距离1944年8月巴黎解放还有8个月左右。他加入了一个由皮亚和蓬热等人组成的团体。这个团体发行了最早也最重要的地下抵抗运动报纸之一——《战斗报》（见图3）。

《战斗报》最初受抵抗运动分子控制，他们认为马歇尔·贝当对德国阳奉阴违，实际上站在他们这边。皮亚利用之前做编辑和报纸发行商的经验运营这份报纸，而加缪为其撰写文章和社论，其中大部分是在巴黎解放后创作的。在他的第一次抵抗行动中，加缪撰写了4篇《致德国友人

图3 1944年，法国抵抗运动报纸《战斗报》的编辑部，从左至右：珀蒂·布雷东（身着制服者）、维克托·佩罗尼、阿尔贝·加缪、阿尔贝·奥利维耶（吸烟者）、让·布洛克-米歇尔（小个子，侧身）、让·肖沃（侧身饮酒者）、罗歇·格勒尼耶（正面，戴眼镜者）、帕斯卡尔·皮亚、亨利·卡莱、弗朗索瓦·布吕埃尔、塞尔日·卡尔斯基；前景人物：玛塞勒·拉皮纳和夏洛特·罗

书》，其中仅有两篇于1944年1月至8月在地下刊物上发表。这几篇短文意义重大，因为文章记叙了加缪对抵抗运动的理解和他参加抵抗运动的根本原因。

想象一间房中有两位朋友：一位是法国人，一位是德国人；法国人独自喋喋不休。这就是加缪的《致德国友人书》的背景。这些并非真正的信件，更像是对一位虚构的德国友人的独白,对方作为聆听者基本上完全保持沉默,仅通过加缪之口表达自己的观点(多年后,加缪在小说《堕落》中也运用了这一技巧)。

加缪在第一封信里解释了"滞后的原因",这里的"滞后"笼统地指法国对德国入侵的反应的迟滞。在加缪看来,这种滞后受到对逻辑依据的探寻的驱使。他提出了一种启蒙式的爱国主义理念,它需要一种超越爱国情感的参战理由。法国人对英雄主义持怀疑态度,加缪告诉他的德国朋友:"我们还在学习如何克服对英雄主义的怀疑。我知道,你觉得我们对英雄主义一无所知。但你错了。"法国历时良久才克服了对英雄主义的怀疑,这是法国战败的原因,也是战败后鲜有人立即采取抵抗行动的原因。但加缪同时也曲折地阐释了自己投身抵抗运动的经过,并为他早期的和平主义立场做了辩解。

在第二封信中,加缪再次为法国战败以及迟迟没有进行大规模抵抗做了解释:"我们需要时间去找寻理由。"加缪将这种滞后的出现时间定为战争开始之际,融合民族主义与对公平正义的追求耗费了3年光阴。这种观点,即抵抗运动中必须融汇社会元素,将作为一个主题贯穿抵抗运动及战后其代表的日常。战后的抵抗运动力图引领法国政治迈入新纪元，而《战斗报》则将立于这场新斗争的最前线。

在第三封信中，加缪发起了对欧洲的辩护。他写道，"欧洲"一词因受到纳粹牵连而声名狼藉。加缪（对他虚构的德国朋友）说道，"从你们失去非洲那天"开始，德国便将欧洲视作征服之地。在诸多方面，纳粹德国在占领期间将法国当作殖民地对待。当时，在日常生活上，加缪和德国统治下的法国人，在客观上更接近法国统治下的阿尔及利亚人。加缪进一步将国家的殖民地位与其国力和威望联系起来。他写道，法国相对于德国的优势在于法国是一个殖民大国。他坚信法国的威望和国力的关键在于其拥有的殖民地。

与前几封相比，第四封信更显亲切。在这封信里，加缪阐明自己与德国友人共享相同的价值观，即世界本就无意义，这是一种荒诞主义和虚无主义。基于善恶平等的观点，德国人选择一头扎进战争与征服的旋涡，而加缪却反对"法国通过暴力手段追求正义"。加缪对德国"强迫"法国"踏入历史进程"的行为感到愤怒。

（在为《战斗报》撰写的文章中，加缪接受了历史和历史的必然性。到 1943 年年底，加缪可能已经明白了，如果他不像他那些朋友一样参与抵抗运动,那么他的文学生涯将面临毁灭。到巴黎解放之际,加缪已经成为最重要的公众发言人之一。此后,加缪定居巴黎。妻子富尔从阿尔及尔赶来和他团聚,并于1945年9月5日生下双胞胎,卡特琳和让。)

加缪——抵抗运动社论作家

1944年3月至7月,加缪为地下出版物《战斗报》撰写了共6篇短文(不过学者们在其中有多少篇为加缪执笔这个问题上意见不一),但由于显而易见的原因而没有署名。这些作品都以宣传为目的,痛斥纳粹德国国防军的暴行和盖世太保的残忍行径,抨击了贝当政府、总理皮埃尔·赖伐尔,以及法国的亲德民兵。这些短文总体上呼吁团结,并警告通敌分子,他们在战争结束后将受到审判和惩罚。

巴黎于1944年8月解放后不久,加缪接连发表的一系列文章保持着类似的论调,尽管更具包容性,却少了一些好战的色彩。加缪希望抵抗运动的各个派系能联合起来,展示民族团结的姿态。这个目标以及总体上积极开放的基调,在一个被战争撕裂、大多数人未抵抗纳粹占领的国家显得至关重要。忙着谋生而无暇他顾的普通法国公民的行动，与那些在贝当上台后迅速表示支持的精英阶层人士的行动形成了鲜明的对比。事实上，贝当在国民议会中有近90%的支持者。

为了挽救法国的昨日，为了守护法国的明天，必须编织一个由大多数抵抗运动分子构成的法国的虚幻故事。知识分子作为这个故事的讲述者在整个过程中举足轻重，他们既是获益者，有时又是受害者。从左翼到戴高乐将军的追随者，以及几乎整个文学界的人，大家都心照不宣地给每一个没有公开表态与纳粹合作的人冠以"抵抗者"的头衔。这种共识以对刚刚过去的一段历史的美化为形式呈现，这种美化在加缪为《战斗报》撰写的文章中得到了体现。

加缪在某种意义上成为抵抗运动的公众发言人：在巴黎解放后，他无疑会在《战斗报》的社论中为抵抗者发声。他在最初几篇社论中以时代的道德评判者自居，对法国的过去、现在和未来的行动方针发表了高调的宣言。加缪不得不为了这个头衔而战斗：他与著名小说家莫里亚克展开了一场辩论，争论是否应该严惩法国的卖国贼。在谈及抵抗运动的敌人时，他说了一句名言：需要有更多像圣茹斯特这样的人物——他是法国大革命的英雄，他和他的盟友罗伯斯庇尔都赞成对革命的敌人判处死刑。然而，仅仅几个月之后，加缪就改变了看法。在目睹了他认为是过度清洗运动的暴行后，他开始反对死刑，并赞同莫里亚克的观点。

加缪还有其他担忧：他反对回到由资本控制的法兰西第三共和国。加缪写道，德国人强迫法国人选择杀戮或者屈服，并断言法国人不是一个习惯于卑躬屈膝的民族。英雄主义把这篇文章推向高潮："1944年8月21日的巴黎街头，一场关乎我们所有人和整个法国的命运的斗争打响了，这场斗争只有自由或死亡两种结局。"

在这点上，加缪也为主要由戴高乐编织的神话增添了色彩——这则神话把法国塑造成了对抗纳粹德国的主要力量。巴黎的解放是一场力量的展示，旨在鼓舞巴黎人的斗志。事实上，戴高乐请求美国人让勒克莱尔将军的装甲师解放巴黎，这是一系列相当紧张的协商的主题。尽管勒克莱尔的坦克的确率先进入巴黎，但真正让巴黎解放的，是在苏联对东线德军施加巨大压力的支持下登陆诺曼底的盟军。但是，当戴高乐进入巴黎这座"光明之城"时，他发表了一场著名的演讲，宣称巴黎已经解放了自己，由此也宣告了法国将解放自己的观点。

这是戴高乐认为为了拯救法国人的团结，为了让彻底失去斗志的民众重拾一丝自尊而必须编造的神话的一部分。法国的"荣誉"及其政府领导层的信誉也将通过重新解读法国知识分子的行动而得到恢复。这里不存在灰色地带：你不是通敌者，就是抵抗者，尽管现实情况是非常复杂和模糊不清的。

加缪本人在这个神话的缔造中发挥了非常重要的作用，特别是在巴黎解放后，他发表了第一批文章，标题诸如《自由的血液》《真理之夜》《蔑视的时刻》。在这些社论中，他为解放运动中的暴力的合理性进行了辩护，甚至是美化。这种言辞与法国各地在欧洲胜利日举行的盛大庆典相呼应。这将是和平新纪元来临前的最后一次清算。但阿尔及利亚没有这样的幸运。

欧洲胜利日的到来和庆祝活动促使一些阿尔及利亚人展开并挥舞阿尔及利亚国旗，毕竟，他们当中有不少人是在意大利前线首次取得胜利的法军残余部队的前线退伍老兵。法国警察对这些示威活动的回应是向示威者开枪。这引发了更大规模的反抗，其间约100名法国警察和黑脚被杀。

法国人和黑脚的反应引发了法国历史上最黑暗、最少被提及的事件之一。一连数周，法国警察和武装部队与黑脚民兵联手，对成千上万的阿尔及利亚人进行了有组织的无差别屠杀，特别是在塞提夫和盖勒马这两地。法国空军轰炸了一个又一个村庄，将它们夷为平地。而在巴黎，绝大多数都市报纸都对这场大屠杀视而不见。但阿尔贝·加缪没有。

由于法国大部分地区在1944年年底实际上已经解放，加缪可自由出行。他刚刚从阿尔及利亚的一次长途旅行中回来，在旅行期间，他起草了一些文章，向法国读者描述了阿拉伯人所处的困境，并解释说法国需要"第二次"征服阿尔及利亚，他的意思是法国必须赢得阿拉伯人和柏柏尔人的心。鉴于这一目标，就在他的这些文章即将发表的时候，塞提夫和盖勒马的大屠杀破坏了加缪希望看到的一切。尽管他不能装作这些大屠杀没有发生过，但是他极力淡化它们。值得注意的是，在加缪看来，是阿尔及利亚人犯下了屠杀的罪行。在描述殖民地军队对成千上万的阿尔及利亚人进行有组织的杀戮时，他用了更中性的"镇压"一词。用他自己的话说：

塞提夫和盖勒马的大屠杀激起了在阿法国人

> 的愤慨和深切的憎恶。随后的镇压又引发了阿拉伯民众的恐惧和敌意。

这里的措辞耐人寻味。加缪在描述黑脚的情绪时把他们放在受害人的位置——"愤慨"和"憎恶",而"阿拉伯民众"的感受则被描述为一种本能的反应——"恐惧"和"敌意"。即使是在描述塞提夫和盖勒马的大屠杀时,加缪也不由自主地展现了他的同情偏向哪一方。

因此,法国殖民当局和黑脚针对阿尔及利亚人的大规模屠杀事件,在加缪的文章中只有不准确的寥寥几句描述。也许加缪意识到了,这些由国家支持的罪行的曝光将破坏法国作为一个仁慈、开明的帝国的形象。当然,直至今日,发生在塞提夫和盖勒马的大屠杀仍是法国历史中的一个禁忌话题。它们很少被提及,也几乎从历史书中消失了。然而,这些屠杀事件是法国结束其在阿尔及利亚的统治的开端。不到10年后,阿尔及利亚民族解放战争就爆发了。

广岛

欧洲胜利日和阿尔及利亚的屠杀事件发生3个月后,

美国飞机在日本广岛投下一枚原子弹,瞬间导致8万人殒命。对此,法国新闻界庆祝和给予肯定的声音此起彼伏。在新闻界和法国文学界,唯有加缪坚定明确地谴责这一行为:"工业文明刚刚达到了野蛮的极点。"接着,加缪抨击了科学:

> 在一个毫无约束的世界,在一个任由暴力充斥、对正义和幸福漠不关心的世界,在一个科学致力于有组织地谋杀的世界,除了那些怙恶不悛的理想主义者,无人会对此感到惊讶。

二战结束后,这种幻灭的情绪在整个知识界弥漫。德国哲学家和思想家西奥多·阿多诺曾有句名言:奥斯威辛之后,再无诗歌。广岛原子弹事件之后,还有谁能不对科学感到厌恶呢?加缪问道。实际上,他对科学的不信任早在战争之前就已经形成了。加缪否定了任何一种试图解释一切的叙事方式,无论它是宗教、科学,还是人类历史本身。这就是他的荒诞主义理论的核心思想,他在从事记者工作期间逐渐建立了这一理论。

第三章

加缪与荒诞主义

　　什么是荒诞？你是否曾经有这样的感觉，在不知自己身处何处时，你感到一阵不安，仿佛时间、空间和历史都与你无关？你对所有事物的意义突然产生了怀疑，但这种感觉常常转瞬即逝。这就是加缪所说的荒诞。在他关于荒诞的杰作《西西弗神话》中，他描述了这种感觉。当加缪看到咖啡馆窗户另一边的一个男人正热火朝天地与电话那头的人通话时，他感受到了这种荒诞：他听不到这个男人在说什么，只看到对方认真地对着一块塑料说话这生动的一幕。他因此产生的深切的不安感就是荒诞的一种体现。

荒诞是一种源于经验的感觉。对加缪而言,这种感觉来自他17岁时的一次濒死体验。当时的他突患肺结核,从此身体状况一落千丈。因此,他不得不时常停下工作,休养几周甚至几个月,来抵抗病魔或恢复元气。身体的病痛让他深刻意识到,个人的所有社会追求随时都可能失去意义。婚姻、工作、司法、宗教和知识都在荒诞感面前不堪一击。与习惯在忙碌的生活中视死亡为无物的同类相比,这种对死亡必然性的觉悟使他显得格格不入。在这一点上,荒诞主义和存在主义有着相似之处:二者都以对死亡的意识和人类(而非宗教等)的中心地位为核心。然而,对存在主义者来说,荒诞感只是一个开始:他们通过艺术,或通过积极地对待和参与这个世界,来超越存在的不确定感。对加缪而言,荒诞感是一种终极的目的,不应该被超越,而应该为大众所接受和拥抱。

荒诞使加缪确信,生命没有意义,因为它随时可能消逝。自此,加缪不得不面对一个无法解释或理解的难题:生与死。加缪称这种直面生命的荒诞性的决心为"荒诞之志"——一种勇敢接受死亡,坦然承认自己无法透视生命真相的心态。对他而言,荒诞不仅是一种对现实的觉悟,也是一种心灵的转变,一种觉醒,一种直面无意义的世界的决心。他在1943年夏对诗人弗朗西斯·蓬热说:"荒诞感是正在逝去的世界,荒诞之志是新生的世界。"

"正在逝去的世界"是传统意义(试图解读生命的宗教和哲学)上的世界。加缪摒弃了这些信仰和思想体系。"新生的世界"是一个拥有新意识、拥有对荒诞的觉悟和认同的目标世界。加缪在自己的作品中展示了一些新意识的范例,其中自然,包括太阳,尤其是阿尔及利亚的太阳,扮演了重要的角色。加缪不得不用故事来表达荒诞感和荒诞之志,因为它们都源于经验。在他的写作生涯中,正是这两种荒诞激发了他的叙事灵感和创造力。

他的前三部主要作品《卡利古拉》《局外人》《西西弗神话》都以荒诞经验为主题,讲述了那些意识到生活荒诞性之人和那些对此视而不见之人之间的激烈碰撞。加缪称这几部作品为"荒诞三部曲"。每一部作品都以独特的方式呈现了荒诞。在戏剧《卡利古拉》中,罗马皇帝体验到了荒诞感,并想要强迫他的臣民也体验这种感觉。在小说《局外人》中,读者被直接置于荒诞之中,被迫感受荒诞。最后,在《西西弗神话》中,加缪通过故事和例证阐明了荒诞之志。

《卡利古拉》

《卡利古拉》是加缪的第一部戏剧作品,其创作始于1937年,结束于1939年,但直到1944年秋,巴黎解放之后几周才被搬上舞台。与尼禄一样,卡利古拉也被描绘成暴君的典型。然而,加缪的这部戏剧并非反抗压迫的典范:反对卡利古拉之人只是想要过一种不受形而上学的发问困扰的生活。这部戏剧讲述了荒诞,以及人们为了逃避荒诞而付出的代价。这是一场卡利古拉和臣民之间的较量,卡利古拉意识到了荒诞,而他的臣民却选择对其视而不见。

在阅读或观看该剧时,人们很难对卡利古拉或他的臣民产生彻底的同情或完全的厌恶之情,而这正是加缪想要达到的效果之一。读者在对卡利古拉的受害者产生同情和鄙视他们的虚伪之间摇摆不定,感到不安。这种不适感是为了让读者反思自己、自己的信仰体系,以及自己习以为常的一切——包括对认同某个角色的需要。这些不安感和不确定感是荒诞感的两种表现形式。加缪在《局外人》中更加巧妙地运用了这种疏离的技巧。

该剧一开始,卡利古拉在他的妹妹(也是情人)去世后经历了一场危机。最让卡利古拉感到悲痛的不是她的死,而是他的悲伤会消失的事实。他感到强烈的悲伤，同时也意识到这种悲伤的消散并非出自他的意志，而是随着时间发生的。这一经历使他意识到了存在的荒诞性。卡利古拉回到罗马后改变了自己，决心把这个教训传达给他的臣民，于是他开始肆意虐待他们。

《卡利古拉》是一部教育性的戏剧：卡利古拉在确信世界的荒诞性后，决定向人们展现这一点。他展现的方式包括强奸、心理折磨和谋杀——都是随机进行的。例如，在一幕中，卡利古拉因错误的怀疑而杀死了一个公民，在意识到自己的错误后，他为了自圆其说而低声说这是"迟早的事"，暗指死亡的必然性。卡利古拉的罪行是达到一个目的的手段，这个目的就是向他的臣民展示生活的任意性。卡利古拉对他的臣民所做的，就像加缪对他的读者所做的一样：将荒诞及其带来的不公正和随机性强加给对方。卡利古拉的目标众多。这部戏剧讲述了一系列的教训，总而言之，卡利古拉的臣民所珍视的各种信仰和价值观是徒劳无益的。他的主要目标是统治阶级（严格说来是贵族，但在该剧的第一个版本中，他们是元老院议员）。当然，他们代表着特权阶级，是财产所有者，但卡利古拉的许多行为也影响了更广大的民众。

其中一个教训发生在卡利古拉决定迫使富人改变遗嘱，将财富留给国家时：所有人都必须把自己的名字写在一份名单上，有些人会被随机处死。卡利古拉尖锐地指出，无论如何，每个人都会被判处死刑：法官、公众、陪审团，简而言之就是所有人。卡利古拉选择像神一样行事，以证明神是多么武断和残忍。他也在向神挑战，让神把他打倒。在他看来，他还活着就是神漠视人间的证据。

卡利古拉本可以表现出彻底的虚无主义，但有一位英雄阻止了他——舍雷亚，一个贵族知识分子，他反对卡利古拉，但不愿参与刺杀卡利古拉的密谋。他是一个出人意料的角色——在冷漠的受害者和骄横的暴君之间，他找到了一条中庸之道。舍雷亚理解荒诞以及卡利古拉的企图，但反对卡利古拉的反人道主义言论和暴行。

加缪起草了不同版本的剧本，舍雷亚的角色也随之变得越来越重要。舍雷亚的存在感越来越强，这反映了加缪对荒诞的看法的转变。舍雷亚代表了加缪的观点，即荒诞不能脱离某种道德框架，否则就会沦为纯粹的虚无主义。加缪在后来的版本中修改了舍雷亚的性格，加入了一些台词，表明他决心与"一个伟大的理念"做斗争，而"这个理念的胜利意味着世界的终结"——显然是对反纳粹主义的明确致敬。

然而,在最初的1939年版本中,舍雷亚在与卡利古拉对峙时告诉皇帝,他认为有些行动比其他行动更美好。卡利古拉表示,人类的一切行动都是平等的。舍雷亚说道:"我理解并同意你的观点。"加缪在1944年版本中删去了这最后一句带有道德相对主义色彩的台词。在法国解放的背景下(当该剧首次上演时),加缪不得不修改原始版本,以免舍雷亚的回答听起来像是在为暴君辩护。有趣的是,最初的1939年版本在法国沦陷期间没有上演,原因恰恰相反:这句话被认为是对希特勒的含蓄抨击。

由于历史背景的变化,加缪对《卡利古拉》进行了多次修改。对一部加缪想要表达最纯粹、最具虚无主义的荒诞的戏剧来说,这是一种讽刺的命运。舍雷亚的出现及其温和的立场代表了一种缓和的荒诞,也反映了加缪观点的转变:纯粹虚无主义的荒诞已经站不住脚了——尤其是在希特勒之后。第二次世界大战及其产生的一些道德问题促使加缪在他的思想中融入了一定程度的道德主义和人道主义,这就引发了他对反抗的思考,这是他第二轮创作周期的主题。

尽管这种解释已成为共识,但当该剧于1945年9月首次上演时,许多评论家认为它对卡利古拉的刻画过于温和,并将这位暴君的虚无主义与加缪自己的信仰混为一谈,尽管他刚刚发表了一篇谴责轰炸广岛的文章。这让他非常恼火。

《局外人》与荒诞主义

1937年8月,加缪在他的日记中为《局外人》写下了如下说明:

> (故事中的)男人和大多数人过着同样的生活(追求婚姻、事业等),却在阅读一本时装杂志时突然意识到,他对自己的生活(就像时装杂志中的生活一样)是多么陌生。

最初的时装杂志是介绍各种社会阶层的服装的手册。如今,它们已成为消费文化的核心。在这部小说中,除了天主教仪式,加缪还拒绝接受资产阶级及其价值观,因为它们在这个荒诞的世界中起了重要的作用。这一立场吸引了一代又一代读者,因为《局外人》塑造了一种法国小说中不同寻常的角色：上班族。这种相对新兴的社会阶层属于一个新的社会类别，是这部小说的核心主题。

《局外人》以20世纪30年代的法属阿尔及利亚为背景，分为两部分。第一部分讲述了一个年轻的办公室职员默尔索的经历。他的母亲去世了，但他对此毫无感觉，也不明白为什么社会希望他表现出悲伤的情绪。这部小说的著名开场白（被普遍解读为默尔索对母亲死亡的漠不关心）震惊了法国文坛：

> 今天，母亲死了。也许是在昨天，我搞不清。我收到养老院的一封电报："令堂去世。明日葬礼。特致慰唁。"它说得不清楚。也许是昨天死的。

按照养老院的指示，默尔索第二天去参加了葬礼。第三天，回到家后，他去看了场电影，和一位前同事睡在一起。他还帮助一个皮条客报复了一个女人。接下来的周末，他和几个朋友去了海滩，在一次争执中，他毫无理由地——他在法庭上说是"因为阳光"——连开五枪，打死了一个阿拉伯青年。

小说的第二部分讲述了对默尔索的监禁和审判。尽管他的律师预计判决会很轻，但默尔索现在面临被判死刑的风险，不是因为他杀死了一个阿拉伯人，而是因为他拒绝哀悼自己的母亲。他被指控为一个"局外人"，因为他对一切漠不关心，拒绝遵守法国社会的基本价值观：尊重父母，结婚，追求事业成功。默尔索在他的生活中仿佛敏锐地意识到了我们集体存在的荒诞本质，这种意识使他与所有价值观背道而驰，因此对社会构成了危险。

最终，正如社会所愿，默尔索被判处当众斩首。然而，这个情节从一开始就很牵强：没有一个法国定居者因在殖民地阿尔及利亚杀害一个阿拉伯人而被判处死刑。这个情节只是一个借口，阿拉伯人的死亡是作者为了达到目的而使用的一种手段：加缪借此对法国资产阶级社会进行了审判，揭露了它的仪式、习惯和预设。法国公认的价值观受到了挑战——那些与殖民主义有关的价值观是明显的例外，但很少有人注意到这一点。

默尔索在小说开场的几句话中对哀悼仪式提出了疑问，他声称不记得母亲的去世日期，然后指出了这一习俗的虚伪。通过将一个令人震惊的陈述（"我不记得我的母亲是什么时候死的"）与一个更加平常的陈述（标准化但无意义的表达，如"特致慰唁"）并列，默尔索让读者感到困惑。读者"正派"的自我被默尔索的直率震撼，但也对默尔索对传统习俗的一些挑战表示同情，从而既认同又指责这个角色。

小说的第一部分对哀悼仪式提出了疑问，但后面的部分则审视了社会抱负、友谊、司法制度和婚姻等。默尔索和读者开始意识到，资产阶级社会要求人们以明确的方式来表现这些角色——悲痛的儿子、忠诚的丈夫等。否定这些角色会招致社会其他成员的猜忌。因此，默尔索在犯下任何罪行之前就已经是一个嫌疑人。

另一个例子发生在默尔索回到工作岗位后，他的老板询问他母亲的年纪：

> 今天，我在办公室干了很多活儿。老板显得和蔼可亲。他问我累不累，还问我母亲多大岁数。为了不把具体的岁数说错，我回答："六十来岁。"不知道为什么，他一听此话就好像松了一口气，并认为问题得到了了结。

这里的矛盾之处在于，尽管默尔索不记得母亲的年龄，但他敏锐地意识到表面功夫的重要性，并担心他的老板可能会因为诚实的回答而感到震惊。这种担心迎合了读者的传统期望。但令默尔索惊讶的是，他的老板对他的含糊回应感到宽慰。老板可能并不想知道默尔索母亲的年龄，只想知道对方是否已经老到即使死亡也不算一场悲剧。老板松了一口气，因为她的死很正常，符合社会的期望。简而言之，他的老板提出的问题根本不是出于对他人的真正关心，就像在一场悲剧发生后问一些无关紧要的问题一样，没有任何意义。默尔索对小说中其他人物的反应也比较冷漠，他们正如传统的读者一样，"完美地融入了社会"，这正是从众的定义。

表现良好也是在维护新的资产阶级社会秩序。这条规则让我们好奇：谁是局外人？是说真话的默尔索，还是我们这些用语言掩盖和平息我们的情绪和冷漠的读者？这个微妙的过程使我们能够重新审视我们自己的道德价值观，并发现它们只是集体道德准则的产物。这样一来，我们就会开始摆脱那套道德准则，直面世界的无意义。

加缪通过默尔索来探讨婚姻问题。默尔索正与一位前同事交往，对方向他求婚，而他则以特有的冷漠回应：

> 那天晚上,玛丽来找我,问我是否愿意跟她结婚。我说结不结婚都行,如果她想结,我们就结。她又问我是否爱她,我像上次那样回答了她。我说这个问题毫无意义,但基本上可以说我并不爱她。

在这里,默尔索并没有直接攻击婚姻。他接受了玛丽的求婚,但同时否认了其重要性。默尔索再次通过既同意又质疑的方式,削弱了社会价值观。

默尔索似乎对其他人所关心的几乎所有事情(爱情、工作、社会礼数)都表现出一种激进的、几乎难以驾驭的冷漠。这种冷漠的根源是什么?通常,冷漠是一种防御机制,是在巨大的失望或幻灭后的反应。我们如果看看加缪自己的生活,就知道有一些事件可以揭示默尔索的反应,特别是默尔索对职业抱负的冷漠。默尔索关于放弃学业和工作抱负的言辞与加缪自己的经历互相呼应。他在大学学习多年,顺利毕业,但由于健康问题,被法国国家医生永久地拒绝在法国教育系统任教。在回想过去的抱负时,默尔索可能是在谈论加缪的感受:"当我念大学的时候,我有过不少这类雄心壮志。但当我辍学之后,我很快就懂得了,这一切实际上并不重要。"在某种程度上,加缪一定认为他多年的大学生活毫无意义。而加缪在其外祖母葬礼上的矛盾情绪——他在葬礼上几乎没有感到悲痛,只是为了顺应社会礼数而哭泣——也可以与小说的开头一段联系起来。我们还可以将他和西蒙娜·伊埃的失败婚姻与他对默尔索的婚姻立场的描述联系起来。他将令他极度不适或失望的个人经历以及由此产生的冷漠转移到了小说中。

其他的解读将默尔索的冷漠视为一种批判,直指社会对那些不顺从者的不容忍态度。对萨特来说,默尔索缺乏对道德规范的认识,这使他看起来像是伏尔泰最著名的哲学故事《老实人》中的反英雄式人物甘迪德。评论家和哲学家罗兰·巴特(1915—1980)关注《局外人》文体的纯粹性,并认为这是默尔索冷漠的一种表现。

然而,默尔索的冷漠并非针对所有人。他唯一的朋友雷蒙·桑泰斯是个皮条客,这符合小说的荒诞逻辑。由于荒诞的人没有道德,所以雷蒙的职业并没有困扰默尔索。当雷蒙野蛮地殴打一个女人,以至于她的尖叫声引来了警察时,默尔索提供了虚假的证词,为他的朋友打掩护。小说中主角通常自带的善良消失了。默尔索似乎过着一种无视道德的生活。

默尔索和雷蒙有一个共同之处：他们都对警察深恶痛绝。他们对警察的敌意说明他们与社会为敌，但并不清楚具体针对社会的哪个群体。要知道，在殖民时期的阿尔及利亚，警察是受人唾弃的巴黎中央政府的代言人。默尔索和雷蒙的紧密关系基于二人的黑脚身份：他们对阿拉伯人的生活状况漠不关心，并对法国本土怀有强烈的敌意。

这种对阿拉伯人的敌意在小说中多次显现，但在默尔索杀死那个阿拉伯青年的时候表现得最为明显。这一幕发生在阿尔及尔的海滩上。默尔索、雷蒙和雷蒙的一个朋友与三名阿尔及利亚男子发生冲突，黑脚们败退。之后，默尔索折返打斗现场，看到一个阿拉伯人躺在海滩上吹着长笛。这也是书中最著名的一幕——太阳和热浪在其中扮演了重要的角色——默尔索走向了那个男人，对方向默尔索亮出了刀子。阳光通过刀子反射进默尔索的眼中。然后，他朝这个阿拉伯人开了五枪。默尔索被投入监狱，随后的审判贯穿了小说第二部分的大部分篇幅。奇怪的是，审判并未涉及默尔索的实际罪行，因为法庭并未要求任何一个阿拉伯人做证，而且谋杀本身似乎并未引起司法机构的关注。

小说中的审判是加缪谴责法国司法制度的一个机会，

但它也提供了一个舞台，让加缪可以谴责资产阶级的盲从心态。从在预审过程中对着默尔索的脸挥舞十字架，将他斥为反基督者的宗教狂热法官，到无能的辩护律师和哗众取宠的检察官，整个法院体系似乎更关心自己的声誉和强加给人们的保守道德价值观。最终，审判的结果完全取决于被告的道德水平。

基于这样的关注点，默尔索的处境非常糟糕，因为他在母亲的葬礼上没有流泪，对母亲的年龄一无所知，而且在母亲的葬礼后很快和一位前同事上了床。这里也反映了加缪的人生经历是这种失望的根源：作为一名报道法庭审判的记者，他经常谴责庭审判决，有时候甚至会发起请愿，试图推翻审判结果。但与此同时，这里受审的其实是法国资产阶级社会。法院里的每一个人都是从众的典范，每个人都尽善尽美地扮演着自己的社会角色。从表面上看，小说中的审判是为了指出真相的荒诞性：默尔索的罪过不是杀死了另一个人，而是在母亲的葬礼上没有流泪。然而，一个谜题仍然存在：默尔索为什么要杀死那个阿拉伯青年？

尽管默尔索表现出明显的冷漠，但是他仍有所好。他喜欢美食（以及烟酒），他对玛丽感兴趣，但只是出于纯粹的生理需求。与加缪小说中其他主人公的主要特质呼应的是，默尔索对自然的热爱高于一切。只有在描述大海、沙滩，尤其是太阳的时候，他似乎才是真正快乐的。默尔索与自然的互动几乎是与自然的完全融合。这种与大自然的交融是"幸福"这个概念的另一个例证。默尔索对自己的将来漠不关心（拒绝升职和婚姻）——他活在当下，为当下而活。

默尔索在整部小说中所崇拜的太阳及其光芒，体现了他与自然的特殊关系，一些评论家称之为神圣的关系。这些与自然相通的时刻，让他摆脱了人类所划分的时间，摆脱了过去，摆脱了历史和集体记忆。

《局外人》中对自然的描绘反映了加缪与萨特在观点上的主要区别。在萨特的存在主义中，与自然的互动触发了深层次的存在主义的不确定性，但是这些时刻注定会被人类活动超越。对加缪的荒诞主义来说，与自然的互动是可取的，最终也是慰藉的唯一来源。

关于默尔索杀人，一种解释是，他杀死那个阿拉伯人是因为对方干扰了他与大自然的互动。这个年轻的阿拉伯人舒服地躺在沙滩上，象征性地占据了这个空间（他"把自己当成主人"）。接着，他又象征性地（用刀）捕获了阳光，并把阳光用刀反射在默尔索的脸上。对热爱自然和太阳的默尔索来说，这种行为是一种亵渎。

许多评论家，如康纳·克鲁斯·奥布赖恩和爱德华·萨义德，都曾写道，加缪的这部小说缺少具名的、有言语能力的阿拉伯人。这部小说中没有对阿拉伯人和柏柏尔人的描写是非常奇怪的，因为加缪明显意识到且深切关注殖民地局势，而且针对卡比尔人的困境写了大量作品。这似乎是出于一种形式上的保留——加缪不希望他的小说成为非常明显的殖民主义作品（对一些读者来说，这可能自相矛盾地表明它就是殖民主义作品）。这样的处理是他为了模糊阿尔及利亚历史地位的一种机制，也是一种策略，即坚持认为与荒诞相关的是形而上的哲学问题而非殖民主义。这一点通过小说中阿拉伯男子的被害得到了体现。命案看上去几乎成了讨论哲学问题的借口，后者的重要性被认为超过了无名受害者和谋杀本身。

其他一些评论家，诸如罗伯特·扎雷茨基和戴维·卡罗尔，与奥布赖恩意见相左。他们认为，默尔索被排斥在社会之外，这使得他与阿拉伯人处于类似的境地，而且他被剥夺了人性，最终沦为异类，被人们排斥。

然而，加缪在他最著名的这部小说中对阿拉伯人的实际描述让人不安。也许,我们可以回顾一下他对法国当局拒绝和少数阿尔及利亚精英分享权力的深切失望。如果布鲁姆-维奥莱特法案能够生效,那么这个温和的目标就能实现。可在加缪完成这本小说之前,这项折中法案就已经彻底失败了。在对阿拉伯人不具名的、冷漠的描述背后,潜藏着加缪破灭的梦想——一条以更公正、更公平的方式确保法国在阿尔及利亚的统治的道路。在《局外人》中,加缪压抑了他对殖民主义的任何质疑。他抨击了一系列社会价值——爱情、友谊、工作、司法,但没有触及对阿拉伯人的压迫,仿佛他已经放弃这个至关重要的问题,并决定将其埋藏。在这个过程中,他将殖民秩序置于小说的故事背景中,间接地认可了它。

《西西弗神话》

加缪的《西西弗神话》的风格和主题随着内容的推进而变化。它既是对哲学思想的讨论,也是对情感的描绘。有时它读起来像一首哀歌,有时又像一曲抒情的赞歌。它描绘了一幅荒诞人生的蓝图,是对人类理性智慧的睿智批判。因此,很难去界定这本书的确切类型。

加缪在一段简短的导言中警告我们：该书并不探讨荒诞哲学，而是表达荒诞的感觉。然而，在这部散文集的开篇，他却写道，"真正严肃的哲学问题只有一个，那就是自杀"，直截了当地将自己置于哲学领域之中。加缪借此开场白向我们介绍他对荒诞的感受，这将贯穿散文集的第一部分。开场的陈述涉及一个人面对无意义的生命而产生的觉悟——除了死亡的必然性，生命毫无意义。自杀毕竟是个人决定，它难道不是人类自我能动性的终极表现吗？加缪否定了这一点，认为荒诞源自人类追求生命的意义与生命的无意义本质之间的矛盾。他建议读者接受这一点。意识到生命是有限的，可以促使人充分地活出自己的人生，因此，通过自杀提前结束生命是一种逃避，而不是一种解脱。加缪写道，他无法定义荒诞，只能列举包含荒诞的感受和引发荒诞的情境：例如，他凝视一块石头，感受到这种"厚重，这个世界的异样，这就是荒诞"。

这些荒诞的感受是无法解决、无法超越，甚至无法解释的。在《西西弗神话》中，加缪抨击了知识观、科学观及其任何形式的诠释。书中最有说服力的一些陈述是加缪的主张："理性是盲目的"，"普遍理性是可笑的"。他进一步表明，他反对一切试图解释世界的理论，而选择接受他所认为的不可调和的矛盾（他的原话）——非理性和他对理性的渴望的矛盾。他的荒诞之志是一种对荒诞感的认识和接纳，并将其作为一种荒诞人生的契机。在书的第二部分，加缪描述并赞美了一些值得注意的荒诞之人的例子。

对荒诞性的认识是一种解脱，这是加缪在《西西弗神话》中的核心观点之一。加缪不愿建立一种思想体系，而是为荒诞的男性（文中没有荒诞女性的例子）描绘出一种生活方式，其中包含了必要的观点、角色典范、理想的职业。在这里，加缪以第一人称的视角描绘了自己作为荒诞男性个例的经历："那些试图解释一切的教条让我毫无担当，使我懦弱无能：人必须在死前接受死亡的事实，而不是根据自己的自由意志来决定是否死亡。"与此同时，加缪提议，应作为独立的个体而非集体的一分子，去充实地度过自己的人生，因为"我只能体验我自己的自由"。

荒诞之人"享有一种不受世俗规则约束的自由"。为何如此？首先，荒诞之人对未来毫无期待，只活在当下。他热忱地接受所有的给予，毫无根深蒂固的价值观，因为这些价值观会对他明知是无意义的生活赋予意义。因此，荒诞的人生关乎活得更丰富，而不是活得更好。加缪用唐璜这个角色来说明他的这个观点："如果唐璜离开了一个女人,那绝对不是因为他对她再无欲求——漂亮的女人总是令人心动的——而是因为他渴望另一个女人,而且这不是一码事……"此处,加缪以一个专家见证人的身份断然解释唐璜的动机。加缪是另一个唐璜吗?他的个人生活似乎证实了这一点:他有着数不清的婚外情史,包括在他第二段婚姻期间。战后,当加缪的朋友从外地赶来拜访他时,他们常常打给弗朗辛·富尔(加缪的妻子),询问加缪现情人的电话号码,因为这是找到加缪最便捷的方法。这让富尔非常痛苦,加缪也向其他人(包括他的情人在内)表达了自己的愧疚。然而,直到去世,他仍然和情人待在一起。

另一个例子是关于戏剧演员的,加缪认为他们是独一无二的荒诞之人,因为他们扮演的角色经常变化。演员学习一个角色,全身心地投入别人的生活——通常是英雄人物的生活,接着进入下一个角色的另一段人生。

加缪将战士、唐璜、演员等人理想化:他们勇敢地直面自己的本质,成为"没有王国的王子"——这一表述呼应了波德莱尔将诗人比作信天翁,即"天空的王子"。加缪将这些精英,包括他自己,与"羊"——无法察觉荒诞的普通人,即在他眼中被荒诞之人"背叛"的人——进行了对比。

直到书的结尾,加缪才重新讲述了西西弗神话:西西弗被诸神判罚完成一个荒诞的任务,永不休止地把一块巨石推上山,而这块巨石每次到达山顶后将滚落回原点。加缪告诉我们,西西弗应该被视作一个幸福的人。也就是说,我们应当意识到自己的困境,并欣然接受、充实度过我们在这个世界上的生活,不管它是什么样的。

幸福的重要性

有意识地面对荒诞的方法之一在于尽可能多地享受与大自然亲密接触的时光,即幸福的时光。幸福是在大自然里、在阳光下、在海滩上、在遗迹中度过的美好时光,此时的加缪感到自己摆脱了时间感的束缚,与世界融为一体。除了阿尔及利亚的太阳,最能让他感受到这种情感的地方是提帕萨的罗马遗迹。

在 1938 年出版于阿尔及尔的一本早期散文集中,加缪讲述了他去提帕萨的一日游经历(《提帕萨的婚礼》)。在这篇极富抒情色彩的文章中,加缪描述了他与自然融为一体的时刻,这让他心中涌起了爱意,以及对一个"种族"的归属感。这种归属感的伟大之处就"在于它的简单纯粹——站在沙滩上,向天空的炫目笑容报以会心的微笑"。尽管这一刻非常宏伟,但它也是短暂的——加缪写道,他永远不会在那儿停留超过一天。幸福的时刻是自足自洽、转瞬即逝的。接着,加缪回到阿尔及尔,回到他的日常工作中,如西西弗一般。事实上,加缪的生活态度就是在枯燥的工作中寻找与自然的亲密接触,这种生活方式莫名契合上班族的平凡生活,后者只能在周末打破一周生活的单调。加缪对这些人的生活赋予了一种神话感,他们现在享受着带薪假期——法国工人运动的一项伟大成就。

十多年后,加缪回到了他心爱的提帕萨罗马遗迹,写下了《重返提帕萨》。他用生动而抒情的笔触,描绘了他与自然和提帕萨这片土地之间不可动摇的本源联系——他把这种联系称为爱。对意识到荒诞的人来说,这是一个至高的境界:与自然合一,摒弃文明、理性、进步和历史。当然,讽刺的是,提帕萨曾是罗马帝国的殖民前哨。尽管加缪试图避开人类的历史和事件,但它们屡屡出现。有时,它们从外部显现,迫使加缪修改文本,就像《卡利古拉》那样;有时,它们则融入风景、出现在文中,就如在关于提帕萨的文章中那样。

加缪写道，人生毫无意义，但正是这种无意义赋予了它意义。因此，他将无意义命名为荒诞。荒诞是一种自相矛盾的存在，加缪因为洞察了这种荒诞并活在荒诞之中而自视为英雄。通过主张将无知和拒绝解释作为幸福的先决条件，加缪实际上将他的绝望建构成一种理论，这种绝望可能源于殖民统治下的阿尔及利亚的棘手局势。加缪拒绝正视这一现实，并为自己的逃避做辩解。从那时起，加缪摒弃了长远的政治承诺，只会根据具体情况参与政治。

加缪的荒诞主义理论之所以能够成功并具有吸引力，也许是因为读者从中找到了一种方法去感受和面对自己的不幸。这是加缪的一种超越现实的转向。他让他的读者去接受他们的不幸，将其置于生活的核心，以激励自己过上更美好的生活。从这层意义上看，荒诞变成了一种个体认同的意识形态，它忽略了社会冲突和历史矛盾。

但是，当加缪完成《西西弗神话》的写作时，人类历史已经以第二次世界大战的形式呼啸着卷土重来。这导致加缪的观点发生了重大变化。很快，荒诞主义就让位于加缪新的反抗理论。

第四章

———

无缘由的反抗

1943年,加缪在日记中写道:"就这个荒诞的世界提问就如同询问我们是否要顺从地接受绝望一样。我想没有一个诚实的人会做出肯定的回答。"这则早期的日记道出了他的觉悟,即他必须超越荒诞所带来的虚无主义。在二战期间,加缪意识到了他不能漠视纳粹对法国的占领,因此他的荒诞主义中的虚无主义难以自圆其说。

尽管如此,加缪仍然坚定地反对那些试图解释一切的理论和那些主张制度性变革的思想,但是他必须寻找一种方式,来将他加入抵抗运动的决定用理论和叙事的形式表达。这个决定在多个层面与荒诞主义的一些核心原则矛盾。

图 4 加缪最具代表性的照片之一,由著名摄影师亨利·卡蒂埃-布列松于 1947 年拍摄

他早期的抵抗作品《致德国友人书》展示了他如何努力将自己对这一事业的承诺与荒诞之志结合。在二战前,他作品中的主要人物——默尔索、卡利古拉——都表现出对伦理和善恶概念的全然漠视。然而,在他的第二组三部曲作品——《鼠疫》《正义者》《反抗者》中,加缪彻底改变了立场,这些作品即为加缪的"反抗三部曲"。

加缪把反抗的概念视为对荒诞的一种调适,以适应时代的变迁。正如他后来在《反抗者》中所写,盲目追随荒诞主义的虚无主义并非无害,因为如果"不分是非、善恶,那么规则就关乎最有效……即最强有力就行"。简而言之,荒诞主义并不谴责谋杀:"如果我们假装接受并信奉荒诞主义的观念去生活,那么我们得做好杀戮的准备。"对加缪来说,反抗起初是一种本能——是人们对压迫的一种回应。但当局势在特定时刻发展至一定阶段时,妥协或屈服已不再是可容忍的,反抗应运而生。加缪决定加入抵抗运动,将这一决定命名为反抗,并将其演变为一种理论。1944年9月,他写道,抵抗运动是由反抗而非革命激发的。"反抗发自内心。"因此,反抗是一种感受,如同荒诞一样,是一种暂时的、昙花一现的感受,并不寻求建立一种体系或长久的价值观。反抗是一种建立在不成熟的道德准则基础上的情感,加缪在他的小说《鼠疫》中首次试图描绘这种感觉。

《鼠疫》

《鼠疫》的情节比较简单:法属阿尔及利亚的一座城市暴发了一场鼠疫。最初,叙述者在描述鼠疫暴发的城市时,认可了它的殖民秩序:"奥兰其实是一座普通的城市,不过是阿尔及利亚海岸上的一个法国行政区。"这样的描述看似平平无奇,但其中的非凡之处在于,一座位于北非的城市被视为一个法国辖区的首府。而这座城市只是一座"普通"的城市。通过这个词,历史立刻被"熨平"了:殖民征服被视为理所当然和无可非议的。

《鼠疫》以丹尼尔·笛福的一句话作为开篇(尽管这段引文在英文译本中常常被隐去):"用另一种监禁生活展现某种监禁生活,与用不存在的事表现真事同等合理。"这句话明确地揭示了小说的寓言性质:它意味着德国对法国的侵占,鼠疫代指德国人。但是,透过这则寓言,加缪否定了人类在历史中的主观能动性,德国的侵占行为被病毒取代。整部小说没有讨论鼠疫的起因,它只是突然出现又消失,毫无缘由。作为一则寓言,它是有缺陷的——也许鼠疫只是一个象征,一种将人类(仅限男性)推入逆境的手段,以及展现加缪新的反抗概念的一种手法。

这座城市陷入了封锁:一开始是老鼠死亡,然后是人类,没人可以进出。当局和医生们束手无策,一筹莫展。这个故事聚焦了6个法国人的行为:贝尔纳·里厄、帕内卢神父、雷蒙·朗贝尔、让·泰鲁、约瑟夫·格朗和科塔尔。他们的生活在这场疫情面前发生了变化。这6个人代表了对德国的侵占的两种态度：抵抗或合作。这些人物在鼠疫面前苦苦思索：鼠疫是何物，为何存在，他们是否会成为下一个受害者，又该如何应对？面对这种高度的不确定性（毕竟，这些皆为存在主义的问题，并且因为鼠疫而无处不在），每个人都以不同的方式应对这场斗争。

主角之一是镇上的医生里厄，他不知疲倦地照顾染上鼠疫的患者。因为鼠疫而被隔离，里厄与妻子分离。这与加缪和富尔分离的情况相似。里厄的工作尽管毫无休止，但并未给他带来可预测的结果：他的一些患者因鼠疫失去生命，一些却活了下来，毫无缘由。然而，面对生活的无常，他坚持自己的道德本能。他很务实，不会纠结于当下的戏剧性事件。

里厄也是小说的关键人物，因为我们从小说的结尾得知他是故事的叙述者——这个情节转折令人难以置信（里厄一直是叙述者，他还阅读了泰鲁的日记节选）。在此之前，读者一直以为叙述者是无所不知的。尽管不太合乎情理，但这个转折体现了加缪对小说中所有神一般的权威角色的质疑。通过揭示叙述者的真实身份是里厄，加缪在某种程度上对全知叙述者做出了一种声明：小说中原本扮演无所不知的神明角色的形象被一个人类角色取代。

当被另一个角色问及是否信仰上帝时,里厄回答道,如果他相信有个全能的上帝,他就会停止尝试救治病人。所以,加缪质疑的不是上帝的存在,而是上帝干预人类事务的能力。重要的是人类的主观能动性。里厄进一步表示,他不相信一个眼睁睁看着无辜孩童失去生命的上帝。这段对话是这部小说中人文主义精神的核心所在。

《鼠疫》里的里厄一直不停地照料病人,却无法给他们带来治愈的希望,就像西西弗一样。这是"一场无休止的失败"。面对每天的死亡和生活的无意义,里厄成为反抗者的化身。无论境况多么严峻,成功的机会多么渺茫,里厄坚持为同胞而战。里厄的动力来自他对人性的世俗信仰,这种信仰后来被加缪当作他的反抗思想的理论基础。

故事中的另一个人物,帕内卢神父,是一位信仰坚定的耶稣会会士,代表着有组织的宗教。他告诉教区的居民,鼠疫是上帝对他们的惩罚——"你们罪有应得!",并攻击"无济于事的人类科学"。最终,通过他自己在鼠疫中的经历,帕内卢神父变得不再那么顽固。他在一个极具讽刺意味的转折情节中死去,鼠疫迫使他回到了凡人的世界。

小说中与加缪有着共同之处的正面人物是来自法国本土的记者雷蒙·朗贝尔。他来到这个殖民小城调查阿拉伯人的生活境况。然而，随着鼠疫的暴发，朗贝尔被隔离在这座城市中。在整部小说的大部分时间里，他都在不顾一切地尝试逃离。尽管他渴望与妻子重聚，离开奥兰前往巴黎，但他最终做出了留下来的决定，加入了与鼠疫抗争的行列。他代表着那些后来才加入抵抗运动的人。他出现在那里的最初动机很重要，但一旦鼠疫暴发，这个动机很快就会被遗忘。

让·泰鲁也是抵抗者的一员。他组织起一支志愿者队伍，成为抵抗和反抗的象征。在人道主义伦理的激励下，他是6个人之中道德最高尚的人，无私又英勇。他也死于鼠疫，这进一步加深了小说中无处不在的无意义和不公正的感觉：无论是反抗的无神论者，还是耶稣会牧师，善行都没有得到回报——没有更高尚的仁慈权威存在。

另一个重要人物约瑟夫·格朗是一名市政职员。他不断修改自己小说的开头，试图达到文学层面的完美。后来，他加入了抵抗运动，并在鼠疫中幸存。这也印证了加缪在《西西弗神话》中所说的生死无常的观点。在这个故事里，鼠疫扮演了卡利古拉的角色（生杀予夺，草菅人命），但是故事的重点不在于死亡随机性的根源，而在于少数几个人对此做出的反应。

这些人物反映了德国侵占时期人们的不同态度。在英雄人物（里厄、泰鲁、雷蒙、格朗）以及宗教权威人物（帕内卢）之后，我们最终遇见了科塔尔，他代表卖国贼的角色。科塔尔曾试图自杀，却被格朗救下。科塔尔利用疫情不断敛财（在黑市上走私卖货，通过非法渠道帮助人们逃跑）。他在疫情中幸存，但在小说的结尾被逮捕。在科塔尔的故事里，神明没有给予惩罚，而人类的正义却得到了体现。

小说中，加缪鲜少提及阿尔及利亚人，他们只是悄无声息地融入了故事背景。虽然奥兰的阿尔及利亚人众多，但是小说本身没有刻画任何阿拉伯人的形象，阿拉伯人在其中没有真实的存在感。

直到结尾，小说也没有解释这场鼠疫暴发和消退的原因。实际上，正如叙述者发出的不祥警告那般，它就那样莫名其妙地消失了，却又随时可能卷土重来。《鼠疫》一书涵盖了《西西弗神话》中的许多主题，同时呼吁人们出于道德主义和人文主义采取行动。正如加缪在日记中所写：

> 对待极权主义，除了宗教或道德上的反

抗，别无他法。如果这个世界毫无意义，那么他们就是对的。然而，我无法接受这个观点。因此……我们有责任创造神。他不是造物主。这就是基督教历史的全部意义。因为我们创造神的唯一途径，就是自己成为神。

加缪在这篇日记中暗示了成为神的可能，而这也是里厄医生所践行的。里厄以两种方式"成为神"：第一，在危急时刻扮演神的一个善良仁慈的代理人，拯救世人；第二，象征性地接管无所不知的叙述者的职责。这种人类如同神一般行动的理念，在加缪与法国共产党知识分子的多次公开辩论中屡次出现，这些知识分子称他为世俗的圣人。在所有关于神的存在和生命意义的存在主义问题中，有一个问题如幽灵般不时地在这部小说中困扰着人们。阿拉伯人的生活境况本是小说中法国记者朗贝尔的一系列报道的主题，但在鼠疫降临的危急关头，这一话题便无人问津。这似乎意味着，"阿拉伯人的生活境况"这样寻常的事务只能暂时搁置一旁。对这个问题的避而不谈让人联想到小说中对鼠疫起因的缄默。

《既不当受害者，也不做刽子手》：作为政治立场的反抗

加缪在1947年完成的一系列著名文章（以《既不当受害者，也不做刽子手》为总标题）中，开始详细阐述他对二战后形势下的反抗理论的政治愿景。这些文章的一个主要讨论对象就是共产主义。加缪的立场背后有着重要的历史背景：二战结束后，苏联的国际影响力和军事力量达到顶峰。法国共产党实力也非常强大，不仅体现在议会席位数上（当时是法国最大的政党），而且体现在法国总工会（CGT）的人数上，法国总工会是全法最强大的工会。

另外，许多知识分子支持共产党，其中包括巴勃罗·毕加索、费尔南·莱热等艺术家，以及聚集在前超现实主义者路易·阿拉贡身边的众多作家，他们都与有影响力的共产党文学杂志《法兰西文学》有关。正如加缪所知，许多共产主义者——列宁首列其中——将前殖民地的独立和解放事业视为国际共产主义运动的重要目标。事实上，许多争取独立的运动都是由共产主义者领导的，始发于胡志明在法属中南半岛的活动。加缪也知道这一事实。当时他最担忧的是法国能否保住其殖民帝国的地位。例如，

1945年,加缪在接受一本新教出版物的采访时表示:

> 如果法国仍能赢得尊重,那并非因为它辉煌的过往。当今的世界不关心荣耀的往昔。法国仍受尊重是因为它是一个阿拉伯强国,而99%的法国人忽略了这个事实。如果法国在今后的岁月里不能构想出一个宏大的阿拉伯政策,那么它就没有未来可言。

追逐利润是资本主义的动机,这是当时最盛行的殖民主义解析理论的核心,也被认为是共产主义最反对的。这一立场正是由萨特本人在一本殖民地作家诗集的序言中提出的。这种主张促使加缪走上了反对共产主义的道路。加缪是左派人士,但归根结底是欧洲和改良主义的左派。加缪独具特色的左派主义——欧洲中心主义、反对革命、赞成改革——与其反抗理念相符。加缪的反抗理念仅限于欧洲和欧洲人,并以存在主义问题而非社会意识为理论框架。加缪在《既不当受害者,也不做刽子手》中阐述了有关反抗理念的具体细节(并在《反抗者》中进一步发展了这些观点)。

加缪在文章《社会党人的自欺》中写道，在一个自由盛行但无社会公正的制度和一个有社会公正但无自由的制度之间，他最终会选择自由。加缪强烈地暗示，法国社会党——彼时仅仅是一个实力弱小的党派，在加缪去世很久之后的1981年才上台执政——需在完全奉行马克思主义和"目的达到就可证明手段正当"的观念，也就是改良主义之间做出抉择。简而言之，加缪希望法国社会党放弃革命，将马克思主义作为一种"绝对的哲学"摒弃。放弃革命的另一个原因是当时的社会历史背景：在加缪看来，唯一可行的革命将是一场全球性的革命，而这将导致一场伤亡惨重的战争。对加缪来说，不值得去冒这种风险。

加缪提出了一个全球性革命的替代方案，即"国际民主"，这是一个他只从否定的角度对其进行定义的概念。"国际民主"既不是共产主义，也不是联合国。具体而言，联合国在加缪看来就是国际独裁，因为它受到各国行政权力机构的支配。相反，他主张通过世界选举建立一个国际议会。然而，他也指出，对抗国际独裁的抵抗运动不能采取与预期目的矛盾的手段，这一立场实际上排除了暴力抵抗。

在《世界在加速》一文中的重要章节里，加缪描绘了未来"文明冲突"的景象。他断言，在不久的未来，"或许10年后，或许半个世纪后"，西方文明的优势地位将变得岌岌可危。时间紧迫，他呼吁尽早建立他在前一篇文章里所构想的国际议会，"如此，西方文明及其世界秩序才能真正普及全世界"。简而言之，加缪想要维护西方的领先地位，并主张建立一个国际议会来实现这一目标。他没有详细地说明如何实现这一目标，但通过倡导这样一种解决方案，并支持这样一个目标，他坚决地将维护西方大国的优势地位置于他的目标中心。他的这一做法近乎公开捍卫殖民主义世界秩序。

在文章的结尾，加缪支持"相对乌托邦"，但这个构想除了会导致自然资源（铀、石油、煤炭）的国有化，别无其他。总之，加缪的目标类似于社会民主主义的原则：在集体化和全面私有化之间的一种折中办法。在倒数第二篇文章《一种新的社会契约》中，加缪希望创建一部国际司法法典。这也是他首次在文章中提倡废除死刑。但是，加缪并不主张意识形态的变革。他呼吁人们鼓起勇气舍弃一些梦想，专注于拯救生命。这些文章的语气始终如一，其抒情的叙述性文字让人感觉加缪似乎是在发布法令，而非提出意见。

最后一篇文章虽然题为《朝向社会交往》，但事实并非如此。加缪再次站在了"历史逻辑"的对立面。他将进步和解放的概念描述成"凭空捏造的"逻辑，这些概念"终将成为勒颈之索"。

此处，加缪担忧的是什么？贯穿其作品始终的反历史基调需要得到解释。加缪的这种历史观源于他对黑格尔的理解。在目睹拿破仑进入他所在的城市，颠覆贵族秩序的时候，黑格尔说出了那句名言——他看到了驰骋在马背上的历史。因此，拿破仑成为进步历史的代表。尽管这一论调在很多方面都存在问题（考虑到拿破仑在海地、西班牙和其他地方的所作所为），但法国人仍将拿破仑视为人民的解放者、不公政权的终结者。其背后的逻辑在于，随着"历史的进步"，每一个压迫性的政权都将不可避免地在人民的手中遭到暴力的终结。

加缪比大多数人都清楚这些事实：法国占领了阿尔及利亚，阿尔及利亚人的的确确受到了压迫，并渴望解放。从某种角度看，加缪的反历史主义是对一种以阿尔及利亚解放为终极目标的叙事的惧怕。加缪对社会进步必然性理论的认知，以及在某种程度上对这种必然性的坚信，导致他对阿尔及利亚的局势感到不安。这就是加缪公开呼吁读者放弃理想、放弃完全解放的乌托邦，转而选择更为温和的"生活方式的变革"或"相对乌托邦"的原因。加缪期望的是温和的改革，而不是激进的变革——这一点在阿尔及利亚问题上尤为明显。尽管在阿尔及利亚民族解放战争期间，由于双方都不愿妥协，加缪的这种温和改良派立场鲜有盟友，但在1989年柏林墙倒塌和1991年苏联解体之后，这种立场重新赢得了人们的认可。那时，加缪被赞誉为始终掌握真理的人。

《正义者》和《反抗者》

加缪反对政治暴力，或者用他自己的话说，他谴责"以历史名义进行杀戮的权利"。这既是他抵制彻底的革命性变革的手段，也是他反对反殖民主义运动的工具。因此，为了正义的事业而使用暴力的问题，即杀戮是否有时可以被合理化的问题，成为加缪第二著名的戏剧作品《正义者》（1949年出版）的主题。该剧以1905年企图暗杀沙皇的俄国革命者鲍里斯·萨文科夫的回忆录为基础，通过描写一个恐怖组织中策划刺杀沙皇的激进分子之间的争论，展现了政治暴力的两难困境。

剧中有三个主要人物：伊万·卡利亚耶夫、斯捷潘·费多罗夫和多拉·多勒波夫。起初，他们似乎对自己行为的合法性有着不可动摇的信念。一方面，加缪把卡利亚耶夫塑造成一个有顾虑、有底线的真英雄。最初，卡利亚耶夫因为沙皇的侄子侄女在场而不忍心投掷炸弹。在第二次尝试后，他单独行动，成功杀死了大公。他被捕入狱，当局提出只要供出同伙，便会对他特赦，但他拒绝了。在剧中的最后一幕，他被当局处决了。卡利亚耶夫是剧中的英雄，因为他的行为符合加缪所认可的实施暴力的确切情形：他愿意冒着生命的危险。加缪认为，这种自我牺牲的意志是一种保障，确保了暴力不会泛滥成灾，会被及时控制，因此不会导致暴政的出现。

另一方面，斯捷潘似乎是一个荒诞的形象：他热衷于杀害无辜者，代表着加缪所厌恶的激进分子。他支持集体惩罚，甚至支持大屠杀。他暴力、偏狭，渴望杀戮。对他来说，只要目的正当，便可不择手段。然而，他也是脆弱的，最终他承认自己嫉妒卡利亚耶夫。虽然多拉也是一名激进分子，但是对卡利亚耶夫的爱是她前进的动力。卡利亚耶夫死后，多拉决定继续斗争，以期在死后与他重逢。

这部剧上演后反响不佳，评论家们认为在这样一部政治戏剧中穿插一段爱情故事很不协调。然而，也许这正是加缪的一个意图：最终，爱情似乎超越了政治承诺，将人类的情感置于人类的历史和政治行为之上。

尽管这些暗杀者表现出缺陷和问题，但加缪似乎很钦佩他们，即使只是因为他们愿意为自己的理念而死，也愿意为之杀戮。加缪在阐述"两类人"时，将暗杀者的这种立场与哲学家和思想家的立场进行了对比："有人杀了一次人，之后就付出了生命的代价；另一种人为成千上万的罪行辩护，反而获得各种荣誉。"此处加缪的反智主义再次浮现，他赞成行动，甚至是暴力行动，但仅限于短期内的暴力行动，因为暴力行动者的死亡是有限的反抗范围的最佳保证。

这部戏剧与加缪后期撰写的反抗主义作品《反抗者》密不可分，因为它改编自加缪在《正义者》之前发表的一篇文章。之后，这篇文章重新收录至《反抗者》中。这篇文章之于反抗主义，就如同他的《西西弗神话》之于荒诞主义：它们是两种理论的具体行动方案。

加缪在《反抗者》的开篇重新审视了荒诞主义，它被重塑为反抗思想的起点。加缪声称自己没有信仰，认为一切都是荒诞的。但这种信念本身就是一种反抗，一种抗议。

反抗思想源自荒诞主义，源自意义的匮乏，是对生活的荒诞性的一种回应。荒诞主义的另一个难题在于它缺乏道德尺度（谋杀无罪），而反抗也是对此的一种回应。对加缪而言，反抗是一个突破点，是一种存在主义的反应，类似于有人大呼："我再也无法忍受了！"在加缪的第一组例子之一中，他使用了一个非典型的社会阶层——大喊"我受够了！"的奴隶。但他并未提及接下来会发生什么：加缪式的反抗主张有节制的暴力，这种暴力是短暂的，不成规模，只与当时的情境相关。

尽管有奴隶的例子，但关键的一点在于，反抗仅限于欧洲："反抗的问题只在我们西方社会内部具有意义。"加缪补充道："在不平等现象极为严重的社会，被压迫者难以发声。"他还写道，在圣人占据重要地位的社会里，反抗不会发生。在他看来，这些社会尚未接受世界的荒诞性。当然，加缪将欧洲和世界其他区域分隔开来，这个表达呼应了他对即将来临的"文明冲突"的思考。后者是他的关注点，并在《既不当受害者，也不做刽子手》中有所提及。

《反抗者》的悖论在于，它的大部分篇幅都在描述什么不是反抗。书中列举了许多反例——各个领域的各色敌人，包括政治领域的纳粹、历史领域的革命，以及哲学领域的黑格尔。

例如，加缪抨击了萨德侯爵［这位著名法国作家的色情作品和不检点行为造就了"施虐狂"（sadism）一词，他曾被囚禁在巴士底狱］，因为后者对自己的同胞怀有"绝对的仇恨"。加缪也批评了浪漫主义作家，因为他们的反抗是有局限性的，过于文艺，且充满个人主义色彩。他还论述了陀思妥耶夫斯基的《卡拉马佐夫兄弟》，但认为其中的方案是一条死胡同，因为卡拉马佐夫拒绝上帝的真理，这导致他走向了疯狂。在这种疯狂中，"一切皆可为"，这又回到与荒诞相关的虚无主义。

加缪还将人类的反抗视为一种艺术，一种艺术表达形式。在此处，他认为反抗是存在主义的，而非社会的。随着该书内容的推进，它的基调越发充满敌意。就人性问题以及我们的信仰对象和信仰禁忌，加缪直接发号施令。他挥舞着一个模糊的人道主义道德准则，反对一切大规模的解放事业。任何与加缪观点相左的态度都成为支持大规模屠杀和"奴役"的声音。他言之凿凿，不容争辩。

这是一个悖论，因为，比方说，当加缪把人性和反抗的议题局限在欧洲人身上时，他也使自己成为被批评的对象，成为一个救世主似的真理宣讲者，而这正是他在书中其他部分痛斥的。

这本书以一种异乎寻常的地域主义的基调收尾,赞扬了"地中海思想"。对加缪来说,"地中海思想"与一些特有的智慧品质是一致的,包括对自然的独特感受和与太阳的亲密关系。当然,加缪很庆幸自己出生在家乡,而非法国本土的工人阶级城市中:

> 多么幸运,我能够降生在提帕萨的群山之间,而非圣艾蒂安或鲁贝。我知晓自己的幸运,并且心怀感恩地珍惜这份好运。

这一部分遭到了大量批评。一种特定的思想和世界观能像加缪暗示的那样与地理、气候模式挂钩吗?彼时,许多评论家不以为然。

这种将非欧洲人排除在反抗思想之外的不容置疑的语气,以及将共产主义和纳粹相提并论,使得这本书在出版时遭到了各方知识分子的猛烈抨击。加缪的老朋友让-保罗·萨特尽管最初并不愿意,但后来成为《反抗者》最激烈和最有力的批评者。这两位法国当时最著名的知识分子由此公开决裂。

第五章

加缪和萨特——决裂使他们形影不离

当加缪的《局外人》和《西西弗神话》于1942年出版时,让-保罗·萨特已功成名就。但此时两人尚未相识。萨特的成名作之一是1938年出版的第一部小说《恶心》。在这部小说中,一位省会城市的教师在凝视一棵树的树根时体会到了强烈的存在主义困惑。这是一部风靡巴黎文坛的小说。《局外人》在很多方面与《恶心》相似,讲述了一个心怀不满、孑然一身的男人的故事,他质疑周围的一切——社会的秩序和生命的意义。但这两部小说各有特色:在《恶心》中,大自然激发了存在主义的焦虑,但爵士乐形式的艺术解决了这种焦虑(或带来一线希望);在

《局外人》中,大自然则是默尔索的心灵慰藉,而艺术却无影无踪。

1938 年和 1939 年,加缪先后为《恶心》和萨特随后出版的短篇小说集《墙》撰写了评论文章。文章中既有敷衍的赞美,也有含蓄的挖苦。加缪写道,他只欣赏小说的一半,而对他认为的哲学说教部分不屑一顾。他赞扬了小说的创造性方面,但不欣赏其中的哲学思考,这二者的结合使得加缪无法将《恶心》视为一部小说或任何类型的艺术作品。此外,萨特认为艺术能够向大众传递生命意义的希望,而加缪认为这一观点几乎是可笑的。对加缪来说,没有什么能超越生命的荒诞性。他的第一篇评论文章以一种颇具讽刺意味的高调论述收尾。加缪称赞萨特"才华无限",并表示他热切期待萨特未来的作品,同时讽刺性地对萨特的教导表示感谢。不难看出,加缪对萨特身上的教授气质十分反感。

4 年后,萨特身为名家,对《局外人》发表了评论文章。萨特的声望也得益于他在学界的卓越表现:萨特和他的终身伴侣西蒙娜·德·波伏瓦同为巴黎高等师范学校的精英,这与加缪的境遇形成了鲜明的反差。不难想象,加缪对法国教育体制的不满会转移到萨特身上,而萨特恰恰是这个体制培养出的最闪亮的明星之一。

萨特在1943年2月对加缪的《局外人》和《西西弗神话》发表了评论文章。他的文章颇有讽刺意味，宛如一份详细的报告或一堂课，甚至连标题都叫《〈局外人〉解析》。事实上，在哲学问题上，萨特对加缪的批评最为严厉。在评论文章的前几页中，萨特就像教训一个不够格的学生一样，对加缪在《西西弗神话》中的写作斥责道："加缪想通过引用雅斯贝斯、海德格尔和克尔恺郭尔的作品来取悦读者，但他似乎并不总是理解这些作品。"（这一批评后来得到了波伏瓦的附和。她在回忆录中写道，加缪"浏览了这些书，但并没有阅读它们"。）萨特继续用这种语气写道，加缪在《西西弗神话》中"喋喋不休"，却又自称"热爱沉默"。加缪并不把《恶心》当作一部真正的小说，而萨特也对《局外人》是否堪称一部杰作怀有疑问。他总结道，加缪没有成功实现自己的目标。

这些对加缪的评价来自一位当时在哲学知识和文学声望方面都高他一等的评论家。加缪对此有何感想呢？他向自己的恩师让·格勒尼耶抱怨这篇评论文章"语气尖酸刻薄"，但也坦率地承认萨特智慧超群："它多次让我明白了我努力想做的事情。"这最后一句话颇有深意：加缪几乎是在承认,萨特比他更能理解他自己的作品。

在萨特的评论文章发表几个月后,这两位作家在德国占领的巴黎初次见面,他们很快就成了好朋友:两人经常在咖啡馆相聚——这是纳粹统治下为数不多的供暖场所——一起谈天说地,畅饮欢笑。萨特对加缪的"流氓气质"——波伏瓦在回忆录中如此描述道——情有独钟。这种气质与加缪精雕细琢的散文风格形成了鲜明对比。加缪不像他的巴黎新朋友那样老练:例如,在街上或咖啡馆里,一旦看到一个心仪的女人,加缪就会立即中断谈话,不再说话或倾听,而是毫不掩饰地凝视着他关注的对象。10年后,加缪的小说《堕落》中的主人公克拉芒斯宣称,他宁可和美女闲聊,也不愿和爱因斯坦交流。加缪希望被视为唐璜,而他也的确是"唐璜":他在一生中纵情于无数风流韵事,而且往往是一波未平,一波又起。

因此,在这段友谊的早期,加缪是萨特乐于交往的人,他们之间以社交为主,而不太谈论彼此的作品。1943年,法国伽利玛出版社的许多知名作家和著名艺术家经常一起聚会,其中最著名的一次是在毕加索的寓所,他们都参与了毕加索的戏剧演出。

在法国即将光复之际,加缪邀请萨特加入《战斗报》

第五章 加缪和萨特——决裂使他们形影不离

图 5 让-保罗·萨特和西蒙娜·德·波伏瓦

担任记者。加入《战斗报》后,萨特撰写了许多关于巴黎解放期间发生的小规模冲突和争论的报道,他还应美国之邀,作为法国记者团的一员赴纽约访问,以增进两国盟友之间的友谊。在这一阶段,萨特发表的一场关于存在主义的演讲备受瞩目,演讲的内容于次年出版。存在主义在当时风靡一时,而萨特和波伏瓦无疑是这场哲学思潮的领军人物。

有一点是显而易见的:加缪不愿被人视为萨特的追随者,他竭力澄清自己并非存在主义者。然而,很少有人能够分辨加缪的荒诞主义和萨特的存在主义之间的差异：加缪经常被冠以存在主义者的标签（至今仍是如此），这让他十分不快。因此他经常提笔否认这种关联，笔下的文字时而戏谑，时而严肃。

当一位备受尊敬的评论家写道，"加缪的《卡利古拉》不过是对萨特存在主义原则的诠释而已"时，加缪回应道："我开始对那种把我和存在主义者混为一谈的做法感到有些（仅仅是有些）不快。"这是一种委婉的说法。他的回应包括三个要点，他在其中指出：第一，《卡利古拉》写于1938年，早在萨特的存在主义兴起之前；第二，《西西弗神话》是反对存在主义的作品；第三，归根结底，他对理性没有足够的信任，无法归属于任何一种思想体系。尽管做出了这一澄清，但混淆情况依然存在，而且问题依然不断地出现。

1946年6月，加缪在纽约旅行期间，面对一位美国记者提出的同样问题，以一种半开玩笑的口吻做出了回答，但也不无讽刺意味：

> 不，我不是存在主义者。萨特和我总是惊讶地发现我们的名字被挂在一起。我们正考虑刊登

第五章 加缪和萨特——决裂使他们形影不离

一则广告，宣布我们之间没有任何共同之处……

存在主义与加缪的荒诞主义自始至终分歧显著：存在主义立足于人性，关注个体在集体世界中的担当，而荒诞主义则摒弃人类事务，表面上是对一切制度的否定。

正是荒诞主义与存在主义之间的这一分歧，导致了这两位作家第一次真正的争吵。当时正值美苏冷战初期，人们往往难以置身事外。加缪几乎显而易见地反感共产主义。即便他曾是法国共产党员，从他与恩师的玩笑中也可以清楚地看出，他并不信奉共产主义。（回想一下，加缪加入共产党的原因并非拥护共产主义理论，而是为了阻止阿拉伯反法势力在阿尔及利亚建立自己的政党。）

1946年的一个夜晚，在作家、音乐家、歌手鲍里斯·维昂举办的一场派对上，加缪与梅洛·庞蒂发生了激烈的争吵。梅洛·庞蒂是萨特的密友，也是一位哲学家，他刚刚发表了一篇文章，指出在这个时代的巨大冲突中，人们必须表明立场，不能模棱两可。拒绝表态就是站在压迫者一边，而人们必须参与人类事务。这是冷战时期抵抗运动的启示，而梅洛·庞蒂主张站在苏联一边。这一立场激怒了加缪，他认为这无异于对斯大林的盲目拥护（同时也是对任何事业的一种不顾一切的奉献)。他与梅洛·庞蒂展开了激烈的辩论,然后怒气冲冲地离开了公寓。萨特和另一位朋友试图说服加缪回到派对,但遭到他的拒绝。

梅洛·庞蒂的立场令加缪深恶痛绝,他不愿在历史事件中被迫站队。加缪对德国人怀有深深的仇恨,因为他们"把他推入了历史",他更愿意在各种事业之间自由切换,不受任何束缚。尽管他崇尚伟大的原则和思想,但他从不公然拥戴任何事业或意识形态,尤其是共产主义,因为它与反对殖民主义的斗争有着历史渊源。而且,第二次世界大战结束后,共产主义与反殖民主义斗争之间的联系变得更加紧密了。

对加缪来说,殖民问题错综复杂,不能简单地以赞成或反对来看待。他既看到并谴责了阿拉伯人遭受的不公正待遇,又深爱着法属阿尔及利亚这片土地,那里是他的故乡,他的所有亲人和许多友人生活的地方,他对它怀有深深的眷恋。

这次决裂之后,加缪和萨特直到第二年才又有交流,而且是在偶然相遇的情况下。在社交场合见面时,他们相处得很好,但加缪会说,自己一旦离开萨特,就对他不再有好感。

争论发生后不久，萨特在《现代》杂志上匿名发表了一篇社论，题为《刽子手和受害者》。(《现代》由萨特于1945年10月创办，而之前的《新法兰西评论》因为在德国侵占期间与德国当局勾结而被关闭。)这篇社论是萨特对法国在中南半岛的殖民战争的首次公开表态，也是对加缪的和平主义系列文章《既不当受害者，也不做刽子手》的直接驳斥。在社论中，萨特与所有议会政党决裂，谴责战争，并呼吁法国从中南半岛撤军。萨特的社论为革命暴力辩护，并将法国占领中南半岛与德国占领法国相提并论，激起了许多评论家的愤怒，无疑也触怒了加缪。1954年，法国在中南半岛的军事行动遭遇惨败，最终导致法国从该地区撤军。加缪在日记中写道：

> 1954年5月8日，法国在奠边府战败。我心中涌起了如1940年时的羞耻和愤慨。在大屠杀前夕，结局已经显而易见。右翼政客将无辜的生命推向绝路，而左翼分子却在他们身后射击。

加缪将中南半岛人与德国人相提并论，恰恰与萨特的立场背道而驰。很明显，在殖民主义问题上，萨特和加缪分属对立的阵营。

在政治暴力问题上,两人一直存在分歧。1946年,加缪发表了一篇短文《脆弱的杀手》,讨论了19世纪末至20世纪初不同时期试图杀害沙皇家族成员的俄国暗杀者。这些暗杀团体的困境和行动对加缪至关重要。刺杀沙皇的家人是否合理?刺杀他们的孩子呢?谋杀是否具有正当性?这些问题正是加缪的戏剧《正义者》的灵魂。

对萨特来说,这些问题已经过时,充其量只会使人分心。萨特在戏剧《肮脏的手》中巧妙地表达了他对加缪关注俄国暗杀者的看法。在剧中,两位政党领袖路易和雨果讨论了政治行动:

> 雨果:在19世纪末的俄国,有人把炸弹藏在衣袋里,然后拦住大公的去路。炸弹爆炸了,大公和那人一起死了。我也能做到这一点。
>
> 路易:那些人是无政府主义者。你之所以想做这件事,是因为你和他们一样,都是支持无政府主义的知识分子。你已经落伍了半个世纪:恐怖主义已经结束了。
>
> 雨果:所以我是个无能之辈。

路易：在这个领域，确实如此。

萨特讽刺了加缪的关注点，贬低了代表加缪观点的人物雨果。但这种文学上的挑衅是委婉的，几乎是旁敲侧击。

然而，加缪的《反抗者》一书的出版，引起了一场全面的对抗。在冷战的背景下，这几乎是在沙漠上画出一条界线。按照当时的标准，这意味着加缪站在美国一边。

萨特看待问题更加务实。虽然他谴责斯大林主义，后来又反对苏联（因其于1956年出兵匈牙利），但他在阿尔及利亚战争后期支持共产党。他也是古巴革命早期的狂热支持者，但在古巴政府监禁了持不同政见的诗人赫伯托·帕迪拉时，他撤回了支持。1952年《反抗者》问世时，萨特感到非常震惊，他并不想评论加缪的书，因为他们之间还有一丝友谊，虽然已经不如从前。反而是弗朗西斯·让松，一位与萨特关系密切的法国哲学家［后来成为阿尔及利亚民族解放阵线（FLN）的积极支持者］，撰写了一篇书评。他与加缪并不亲近，过去曾对他提出批评。

这篇评论文章直指要害，毫不留情：让松首先指出，这本书受到了左右两派的赞誉，接着反问道，这是不是因为该作品及其思想具有可塑性，"能够以多种形式呈现"。

他对加缪"模糊的人道主义"提出了疑问,并在结尾指出加缪在书中几乎只关注斯大林主义的受害者。那么西方政权的受害者呢?身处殖民地但同属欧洲人的工人呢?"矿工,因罢工而受罚的政府雇员",被凝固汽油弹"清洗"的越南人,被外籍军团"掳走"的突尼斯人呢?这篇书评的结语迫使加缪直面一个他避而不谈的话题。

加缪被激怒了。他在《现代》杂志上发表了一篇回应的文章,但并非针对让松;相反,他选择向该杂志的出版人萨特开火,暗示萨特是这篇评论文章的幕后黑手,或者至少他对这篇评论文章的发表负有责任。加缪在回应中拒绝直接讨论让松的观点,反而加倍批评斯大林主义,质问为什么让松/萨特没有谴责斯大林的"集中营",并要求他们进行谴责。他写道,除非他们满足他明确谴责斯大林的要求,否则不可能进行进一步的对话。他还谴责了让松评论的语气,后来在日记中抱怨道:"与《现代》的论战……巴黎是一片丛林,其中的野兽是可悲的。"他对"他们的兄弟的侮辱、谴责"发出了各种抱怨。最终,他的回应回避了让松提出的殖民问题,并针对苏联问题做了反击。

萨特在回应中毫不留情,将他 10 年前对《局外人》

第五章 加缪和萨特——决裂使他们形影不离

的首篇评论文章老调重弹并加以扩充。他充满激情地写道,《反抗者》证明了加缪作为哲学家的无能。他指责加缪"讨厌智力上的努力"和不阅读原著的习惯。萨特提醒加缪他曾如何批判斯大林主义,并引用《现代》上谴责苏联的社论作为证据。萨特还强调,主流媒体借助对苏联的谴责来掩盖殖民地人民所遭受的苦难。这不仅与让松的结论不谋而合,而且深化了它。萨特宣称,他既能批评西方,也能批评东方,他反问加缪为何不能做到这一点。随后,萨特指出了加缪在中南半岛问题上的模糊立场,并在文章的结尾一面表示愿意刊登加缪的最终回应,一面宣告,对他来说,这场论战已经画上了句号。

第二次关系破裂导致了他们的奇怪友谊的终结。从此,他们再无交流。然而,他们却在余生各自的作品中隔空对话。公开决裂后,对资产阶级左翼知识分子的批判成为加缪文字作品的主流,而萨特和存在主义也成了他日记里的抨击目标。

《反抗者》一书引发的公开书信论战让萨特声名大噪,他以卓越的文才和智慧压倒了孤零零的加缪。加缪甚至考虑过——以他身为黑脚的血性——暴打萨特一顿,但又嫌对方过于瘦弱。他避免前往巴黎的拉丁区以及萨特、波伏瓦与朋友们聚集的咖啡馆，并将自己与社会隔绝开来。他虽然不再公开参与争论，却在一篇题为《为〈反抗者〉辩护》的长文中回应了所有的批评，这篇文章在他有生之年并未发表。

《堕落》

《堕落》一书，既是加缪与萨特之间论战的写照，也代表了加缪与他所处时代的抗争。这是一个关于单身男子克拉芒斯的故事，他曾是一名律师，在法国生活，却自我流放到阿姆斯特丹。在一家名为"墨西哥城"的破旧酒吧里，他滔滔不绝地向另一个法国人倾诉，这个人直到书的末尾才透露姓名，原来他也是一名律师。他们是这样相遇的：

> 先生，我能否为您效劳而又不令您感到厌烦？我担心，那位在此当家做主的可敬的'大猩猩'听不明白您的话。的确，他只懂荷兰语。除非您授权我为您解释，否则他猜不出您是要荷兰琴酒。喏，我自以为他听懂了我的意思：这频频

点头大概表示他已接受我的请求。

两人见了5次,每次见面时,克拉芒斯(这是加缪的名字和法语"宽厚"一词的组合)都侃侃而谈。他们谈天说地,幽默风趣地说笑,时而娓娓道来,时而深沉思索,对法国、世界、女人、政治、宗教等发表自己的见解。

克拉芒斯自称是一位专门从事高尚事业的"忏悔法官"。忏悔法官(如小说中所定义的)因其社会背景和特权而感到内疚,因此支持被剥夺权利者的事业,将此作为一种赎罪。但他们对自己的角色过于投入,以至于对他人居高临下地审判(加缪在一篇日记中写道,忏悔法官都是存在主义者)。

克拉芒斯自称是寡妇和她们的儿子的辩护人,并解释说他的法律实践侧重于帮助受压迫者、穷人和受冤屈者。然而,克拉芒斯自己也坦承,他的同情心是自私的。他承认,他帮助一个盲人,只是为了享受自己帮助他人后的满足感。对克拉芒斯来说,帮助他人是他自恋的表现,而不是真正的慷慨。他的无私之下藏着虚荣:例如,克拉芒斯拒绝接受法国最高级别的平民勋章,因为他觉得拒绝比接受更让自己得意。

《堕落》一书的字里行间透露着克拉芒斯对各种话题的思辨。他甚至挖苦法国,称恶毒是一种民族的嗜好。在这些"趣闻逸事和天马行空的评论"中,有一件事格外引人注目。一天晚上,克拉芒斯在巴黎散步时,听到一个跳进塞纳河的女人的尖叫。这就是"堕落"。然而,尽管克拉芒斯属于公众人物,表面上恪守人道主义精神,他却没有帮助那个女人,而是离开了现场。那个女人大概是死了。两三年后,他在航海途中瞥见海上的一点黑影,立刻想到了那个女人。他意识到他必须正视自己的罪恶,放下人道主义的伪装——他必须做回真实的自己。(某些评论家将此与加缪对阿尔及利亚问题的矛盾观点相提并论,因为他在1954年之后就不再公开以书面方式谈及阿尔及利亚——加缪象征性地从这个棘手的问题中退出了。)

克拉芒斯漠视一个女人投河自尽的情景,也可以被视为对萨特的抨击,因为在加缪的眼中,萨特只是空谈帮助他人,却没有实际行动。

然而,如果将《堕落》仅仅解读为对萨特的一系列攻击,那就大错特错了,因为克拉芒斯的许多方面更多地反映了加缪自己。《堕落》在诸多方面都是加缪的一幅自画像。在完成初稿后,加缪向他的朋友、评论家罗歇·基约吐露，他担心他的第二任妻子富尔读完手稿后的反应。

《堕落》中女子跳河的场景也与富尔的自杀未遂相似。根据基约的说法，富尔曾试图跳楼自杀。加缪在一封写给他的情人、法国著名女演员玛丽亚·卡萨雷斯的信中提及这件事。加缪在日记中表达的许多与女性在一起的经历和关于女性的想法，与《堕落》中克拉芒斯的如出一辙。克拉芒斯认为自己是欲望的俘虏——除了性接触，女人让他感到厌烦。

《堕落》中关于女性的诸多描写与加缪在《西西弗神话》中对唐璜的赞美呼应，唐璜是一个典型的荒诞之人，在一次次征服中体验真正的幸福。在《堕落》中，克拉芒斯吹嘘自己能够扮演不同的角色与女性相处，并表示"不去争取自己想要的东西"是"世界上最困难的事情"。在日记中，加缪则把自己对女人的吸引力视为一种缺陷，"一种束缚"。克拉芒斯心怀对女性的控制欲，对那些早已与他感情破裂的女性也不例外。克拉芒斯承认，他曾强迫那些他毫无兴趣的女人发誓对他忠诚。加缪则在写给卡萨雷斯的信中告诉她，当彼此分开时，他希望她被囚禁在一间密室之中。由此可见，克拉芒斯和加缪对女性的态度有着惊人的相似之处。

富尔曾经自杀未遂,加缪的风流韵事是推动她走向绝路的部分原因,而且基约透露,富尔曾质问加缪:"你总是揭穿别人的软肋,那你自己的呢?"

除了他的妻子,加缪对女性和女权主义(他鄙视女权主义)的态度也招致他与萨特最亲近的人,即西蒙娜·德·波伏瓦的冲突。波伏瓦是一位作品颇丰的小说家和散文作家,撰写了一部开女权主义先河的著作:《第二性》。这本书一经出版,就引发了加缪的反感,加缪表示这本书羞辱了法国男性。波伏瓦的回答和萨特一样无情。她表示,加缪不仅对《第二性》做出了性别歧视的反应,"而且不容许出现任何反对的声音。一旦有人提出不同意见,他就会大发雷霆,好像在逃避问题"。她继续说道:"他对自己有着一种不可动摇的自我认知,任何作品、任何启示都无法改变他。"她还指责他为懒惰之辈:"他只是随意浏览书籍,而不是认真阅读它们。"更重要的是,她最成功的小说《名士风流》刻画了一个困惑、苦恼的人物——亨利·佩龙,他被普遍视为加缪的化身。她的小说获得了法国最负盛名的文学奖——龚古尔文学奖,这让加缪感到十分不快。

加缪与萨特和波伏瓦之间的紧张关系一直持续到他

去世后。加缪去世后出版的小说《第一人》，频频描写巴黎知识分子对他们所批判的黑脚劳工的生活一无所知。在这部自传色彩浓厚的小说中，他将这些知识分子视为在背后捅刀子的人，甚至是卖国贼。显而易见，加缪对他们深恶痛绝。同样显而易见的是，萨特等人也是他的攻击对象。加缪去世几年后，萨特在日本的一次会议上发表了关于知识分子的演讲。他在区分真正的知识分子和虚伪的知识分子时写道：

> 这些虚伪的知识分子借用某些模糊而崇高的普世价值观来掩饰自己，他们说："我们的殖民方法不尽如人意，我们的海外领土上存在太多不公正现象。但我反对一切暴力，无论暴力来自何方；我既不想成为受害者，也不想成为刽子手，因此我反对原住民反抗殖民者。"

萨特简明扼要地指出："这种伪普世主义立场的真正含义如下：'我支持殖民者对被殖民者施加的长期暴力（过度剥削、失业、营养不良，这些都靠恐怖手段维持）。'"这显然是对加缪及其《既不当受害者，也不做刽子手》的攻击。

萨特坚决反对法国占领阿尔及利亚；他支持法国逃兵，并希望法国军队失败。加缪提出了折中方案：他先是主张给阿尔及利亚有限的主权，然后主张休战，最后选择了沉默。然而，值得注意的是，在加缪的公共生活中，他反对阿尔及利亚独立，这是他为数不多的不变主张之一。简而言之，殖民主义是两人之间持续争论的核心。

第六章

加缪和阿尔及利亚

加缪对法国在阿尔及利亚的殖民政策一直持矛盾的态度,这种矛盾深深地影响了他。1943年,他在日记中写道:

> 阿尔及利亚。我不知道自己表达得是否清楚。但当我回到阿尔及利亚时,那种凝视着孩子们面容的感受涌上心头。尽管如此,我知道并非一切都是纯洁无瑕的。

20世纪30年代末,加缪曾倡导通过布鲁姆-维奥莱特法案，该法案将对少数阿拉伯男性（几千人）授予法国公民身份。该法案的通过在30年代一直遭到阻挠，但第二次世界大战改变了一切。在德国占领期间，法国抵抗运动领袖为了争取阿拉伯人的支持，接受了阿拉伯民族主义领袖提出的《阿尔及利亚人民宣言》。这些领袖包括代表阿尔及利亚人民党的梅萨利·哈吉、穆斯林宗教学者代表谢赫·巴希尔·伊布拉希米，以及主张自治的费尔哈特·阿巴斯；这一宣言旨在建立一个自治的阿尔及利亚。

1943年3月，法属阿尔及利亚的总督同意接受该宣言，并将其作为未来谈判的依据，这让阿尔及利亚的民族主义者满怀期待。但后来总督反悔，不再承认该宣言，再加上阿尔及利亚人民饱受战时食物紧缺而出现的普遍绝望情绪，一种危机四伏的局面酝酿成形。

1944年年初，法兰西共和国临时政府时任领导人戴高乐承诺通过布鲁姆-维奥莱特法案。然而，阿尔及利亚民族主义领袖嗅到了他的软弱，拒绝了他的提议。法国当局态度反复无常：1944年3月7日，戴高乐单方面废除了《原住民法典》（但仍未给予平等的选举权），但在1945年4月25日，他将最有魅力、最激进也最勇敢的阿尔及利亚民族主义领袖梅萨利·哈吉流放到刚果的布拉柴维尔。这就是欧洲胜利日反抗活动的背景，这些反抗活动以塞提夫和盖勒马的屠杀惨案告终。一个比法国本土遭受更严重的战时物资紧缺的国家，一个曾经相信独立近在咫尺的民族主义领导层，一个为法国在意大利战线的首次胜利牺牲了成千上万的年轻人的民族，却不能在欧洲胜利日挥舞自己的旗帜。作为回应，法国人和黑脚发起了一场持续数周的血腥屠杀，成千上万名阿尔及利亚人被杀害。这场屠杀将阿尔及利亚独立运动推迟了十年，但当阿尔及利亚独立运动卷土重来时，其参与者比以往任何时候都更加坚决。这场持续一个月的镇压从侧面反映了法国国力的虚弱，它不顾一切地试图以任何可能的手段保住自己的殖民帝国。

加缪从未深入探讨过塞提夫和盖勒马的惨案，但他对废除《原住民法典》和实际上通过了布鲁姆-维奥莱特法案感到欣喜，尽管后两者在这场血腥的屠杀面前只能说是杯水车薪、为时已晚。战后，加缪主张给予阿尔及利亚人更多的权利。他希望更多的阿尔及利亚人能接受教育，所有小学毕业生都能成为法国公民，但他不敢要求给予所有阿尔及利亚人投票权。加缪是和平与折中方案的拥护者，他的心中只有一个目标：让阿尔及利亚永远属于法国。他主要通过媒体向法国本土当局呼吁，要想阻止阿尔及利亚独立,阿尔及利亚需要被"再次征服"。换言之,法国必须赢得阿尔及利亚人民的情感支持和理性支持。

然而,加缪切身感受到,法国迫切需要在国际形势下做出更大的让步。第二次世界大战结束后,殖民地人民对于自身权利的呼声越发引人瞩目。这些呼声体现在多个层面,包括政治、文化以及社会运动。在这一时期,长期以来被压抑的殖民现实逐渐在加缪的小说中浮出水面,最终演变成为其作品的核心主题。

《流放与王国》

《流放与王国》是加缪生前出版的最后一部小说,一本短篇故事集,其中的许多故事都充满北非的色彩。一些故事重现了加缪对萨特的不满以及他们的争吵所带来的后果。但在其他故事中,加缪对阿尔及利亚民族主义兴起的关切溢于言表,尽管他直到《来客》这个故事才直接探讨这一主题。

书中第一个短篇故事《不忠的女人》的主人公叫雅尼娜,是一个黑脚布料商人的妻子。她随丈夫乘坐巴士深入沙漠,来到了阿尔及尔南部200英里处,向当地居民推销商品。加缪从雅尼娜的视角讲述了故事——随着夫妻二人越行越远,这片土地变得越来越陌生,妻子的心中感慨万千。起初,雅尼娜将阿拉伯人看作一个神秘的群体。她觉得他们是在装睡,她厌恶他们的沉默和冷漠。在整个故事中,她感到自己与阿拉伯人格格不入,对他们的语言嗤之以鼻,那是一种她听了一辈子却不通晓的语言。她对一个瞪着她看的阿拉伯人感到厌恶,认为对方"愚蠢且傲慢",她的丈夫附和道:"他们现在觉得自己无所不能。"这些话语彰显了1944年废除《原住民法典》给黑脚带来的恐慌,也透露了对动荡将至的恐惧。在整个过程中,雅尼娜感到四周皆被阿拉伯人环绕,宛如一股压迫之力。

在故事的最后一幕,雅尼娜于深夜苏醒,缓步至阳台,凝望远方的地平线,为大自然的美妙倾倒——这是一个纯粹的加缪式的幸福时刻,一个"时间凝固"的"完美"瞬间。与此同时,阿拉伯城镇的喧嚣声也随之消逝。(在加缪看来,"习惯、厌倦、岁月所结成的一把枷锁,正在慢慢地松动"。)阿拉伯人从她的脑海中消失不见。她在与自然的亲密融合中摆脱了寒意,摒弃了他人的负累,超脱了生死的痛苦。最后,当她回到小旅馆的房间,面对她的丈夫时,她泪流满面。她经历了一次灵魂的洗礼。

对加缪来说，这些与自然合一的象征性时刻昭示了对人类历史的有力抗拒。这是一个超越时间的阿尔及利亚幻想，一个几乎空无一人的幻想，一个不成熟的幻想，它是雅尼娜，也是加缪自身真切、强烈的幸福感的唯一源泉。

《来客》堪称这本故事集中最震撼人心的一个故事。主人公达吕是一名黑脚教师。他居住在阿尔及利亚的山区，他的家同时也是学校。在一个寒冷的冬日清晨，他与骑驴而来的巴尔杜奇相遇，后者是一名正直的地方警察，有一颗金子般的心——这是加缪小说中常见的那种朴实无华的黑脚形象。与巴尔杜奇同行的是一个涉嫌杀害亲戚的当地阿拉伯人，他被绳子拴在驴后面，二人缓缓地向达吕走来。（正如《局外人》中一样，这个阿拉伯人从未被提及姓名。）警察命令达吕将犯人送交警察局，这是达吕所厌恶的事情。但巴尔杜奇把这当作忠诚和正义感的考验，试图逼迫达吕屈服，让达吕陷入了窘境。加缪在阿尔及利亚民族解放战争期间也有同样的感受，他被夹在两股交战势力之间，无法表达自己的观点。因此，主人公达吕可以被视为加缪的化身。

达吕虽然表面上接受了巴尔杜奇对这个阿拉伯人的罪行的描述，但不愿意把这名罪犯送往警察局。他也不想得罪巴尔杜奇。为了逼迫达吕，巴尔杜奇说战争一触即发，阿拉伯人随时可能会举起武器，届时"我们都会卷入其中"。达吕本想置身事外，却终究逃不过历史的洪流。达吕和巴尔杜奇争执不休，最后达吕勉强同意签署一张确认接收囚犯的单据，但并不保证将囚犯送往警察局。这使得两人之间的关系产生了裂痕。巴尔杜奇离开后，达吕内心充满懊悔，觉得自己辜负了巴尔杜奇。达吕和加缪一样，身处两难境地，在渴望避免冲突的同时，又试图对黑脚群体保持忠诚和亲近。

达吕对阿拉伯人犯下的罪行愤怒不已，对巴尔杜奇的命令更是心生反感，他身陷两种相互对立的忠诚之间。最终，他做出了妥协。他带着阿拉伯人朝着城市和监狱的方向走去。在行程过半时，他向阿拉伯人指出东边是监狱的方向，南边则是游牧民族的领地，他们会欢迎他成为自己的一员。阿拉伯人犹豫了片刻，最终选择了向东走去，而达吕则转身回家。

加缪将达吕刻画为一个身陷两派斗争，但却仁慈且力求公正的人。我们本应对他产生同情，却没有料到故事最后一幕所带来的震撼。当达吕回到教室时，他看到黑板上写着恐吓的字句："你出卖了我们的兄弟。你将付出代价。"善意和正义感被众人误解,陷入孤立无援的处境,不仅受到同胞的逼迫,还要面对阿拉伯人的恐吓——这就是加缪对处于阿尔及利亚民族解放斗争中的自己的定位。

对故事结尾的解读,评论家们意见不一:有的赞扬达吕的高尚品格(毕竟,他拒绝把阿拉伯人送进监狱),有的则质疑在殖民时代的叙事中,把一个移民塑造成受害者和唯一值得同情的人物太过荒谬。

民间休战

1954年万圣节,阿尔及利亚民族解放战争爆发,加缪不仅作为作家、法国公民和黑脚身陷其中,也因为他的公众身份而备受影响。两年后,他踏上阿尔及尔的土地,发表了一场慷慨激昂的演说,呼吁和平。这便是他在阿尔及利亚发出的民间休战呼吁。

他并不奢望终止战争;他的目的是促使交战双方达成共识,停止杀害无辜。加缪的介入却遭到了一股意料之外的势力的敌视:阿尔及尔的黑脚市长拒绝提供会场,直到一些温和派的阿尔及利亚组织出面协调,并负责安全保障,双方才找到了一个合适的谈判地点。他在现场听到了街头黑脚群体的愤怒呐喊:"处死加缪!处死孟戴斯-弗朗斯(1954—1955年任法国总理,在任期间主张结束殖民战争)!法属阿尔及利亚永存!"最后,由于担忧黑脚团体使用暴力,会议不得不提前结束。

加缪一开场便毫不客气地斥责了那些试图阻止他发声的抗议者。这是他对自身动机和困境的一次感人肺腑的诠释:"20年来,我竭尽全力,为了我们两国人民之间的和睦而奋斗。"这也是一种无奈的认输。加缪暗示,他可以承受外界的嘲讽和讥笑,但此刻的首要任务是结束两国人民不必要的苦难局面。

他企图割裂阿尔及利亚人争取正义的斗争和争取独立的斗争,并认为后者是"外来者的野心",将无可挽回地摧毁法国。这是在影射苏联吗?在冷战的大环境下,苏联掌权的威胁是殖民者为了维持对殖民地的控制而常用的借口。分析加缪的演讲,我们可以发现,在加缪看来,阿尔及利亚民族主义不能以牺牲法国的利益为代价而正式登上历史的舞台:阿尔及利亚独立是不可想象的。如果执迷不悟,就会引发无休止的战争。会场的观众以阿尔及利亚人为主,而他传递的和平信息也隐含着一个警告:如果你们不愿意谈判,战火将永无停息之日。

在结束语中,加缪赞扬了穆斯林群体为举办这次会议所做的努力,并向各个群体的听众强调,激励穆斯林群体的是人道主义,而非政治因素。加缪在这里表现出了一种近乎可爱的天真——事实上,FLN 是这次会议背后的推手。加缪的好友、20 世纪 30 年代的共产党人阿马尔·乌兹加尼,是这次会议的组织者之一。但加缪并不知晓乌兹加尼是 FLN 成员。FLN 的目标是争取加缪,说服他革命是一种正义之举。

多年后,乌兹加尼解释道:"我们(FLN)通过民间休战来帮助那些支持不公正,但本性正直、反对暴力之人,让他们逐渐醒悟,逐步认识到 FLN 的正义事业。"FLN 是否有机会说服加缪呢?这几乎是不可能的,然而,尽管生命面临着数百名黑脚的威胁,加缪仍然发表了他的和平演说。可以确定,对 FLN 来说,这是朝着正确方向迈出的一步,是一次公关上的成功。

这一刻体现了加缪的矛盾心态,他真诚地渴望和平,却又无法感受到阿尔及利亚人在法国殖民统治下所承受的苦难。加缪在民族主义和人道主义之间摇摆不定,试图将这两个不可调和的理念融合。

在会后给挚友的一封信中,加缪写道:"我从阿尔及这段文字与小说中的许多段落呼应，其中大部分的对话都否定了阿拉伯人的人性。小说细致地描绘了阿拉伯人对法国侵略者的所作所为，而对欧洲人犯下的罪恶却只是含糊其词。这一章的结尾部分也颇具象征意义，因为它以父亲这个在小说中被美化的人物做出的关于种族的断然评判收尾。他的种族主义抗议作为一个受害者做出的一种"情有可原"的反应被展现给读者。加缪也试图解释了故事叙述者所说的法国移民的排外情绪：

> （黑脚）失业……是最可怕的不幸。这就能解释这一现象：这些工人在日常生活中都是最宽容的男人，但在劳动的问题上总那么排外，他们相继指责意大利人、西班牙人、犹太人、阿拉伯人，最终怪整个地球的人夺走了他们的工作。这种态度势必令从事工人阶级理论研究的知识分子困惑不解，然而这非常合乎人性，也是情有可原的。

加缪没有质疑法属阿尔及利亚黑脚的种族主义，反而替他们辩解。他以阶级问题（失业）来解释法国移民的这部小说也极具自传色彩：它讲述了一个名叫雅克·科尔梅利的黑脚的故事，他后来定居法国。(在手稿中，加缪有时将他称作阿尔贝，而科尔梅利是加缪祖母的姓氏。)这部小说以雅克为第一人称，穿插着他与法国移民的对话以及他的童年往事。当定居巴黎的雅克回到故土时，他目睹了法国移民对阿拉伯民族主义抬头的恼怒、恐惧和不满。小说中有大篇幅的对话，对话者是一个愤愤不平的法国移民和一个反阿拉伯立场稍显温和的法国移民，以及一个试图让我们对法国移民的愤怒感同身受的叙述者。

有一段这样的对话发生在莱韦克回忆起他和雅克的父亲于1905年在法国军队服役，与摩洛哥人作战的时候。当他们看到一个被残忍杀害的法国士兵的尸体——小说详细描绘了这一幕——时，雅克的父亲对摩洛哥士兵评价道：

> "一个人要有所节制。这是一个人应该做的，否则……"说完，他平息了自己的情绪……可是，他突然又大叫起来："卑劣的种族，多么卑劣的种族啊，他们一个个都是，都是……"

图6 苦闷的加缪

承诺、他的世界观,乃至他对自然的热爱背后不为人知的秘密。他的最后一部作品《第一人》是一个无所顾忌、无所隐瞒之人的真诚呼喊。这是理解他所有作品的关键。

这部未竟之作基本上以战乱为背景。小说流露出阿尔及利亚人必将夺回故土的决心,以及法国移民内心无所不在的焦虑、恐惧和怒火。加缪试图为法国在阿尔及利亚的殖民统治辩解:他从一个独特的视角,从一个弱势者的立场来审视殖民现实。这场战争是加缪的最深恐惧的体现。

利亚归来,心情沉重。眼前的一切坚定了我的信念。对我而言,这无异于一场'个人的不幸'。"在法语中,malheur(不幸)是 bonheur(幸福)的反义词。对加缪来说,这是一场悲剧,也是一场个人的灾难。

加缪一生都在掩饰自己那微不足道的黑脚出身。我们可以从他自青少年时期养成的穿着风格,他的前三部重要作品的风格和主题(超越时空的主题),甚至他对西班牙的偏爱上窥探到这一点。西班牙(而非阿尔及利亚)是他在政治上最关注的国家,也是他能够将自己的西班牙血统与进步事业结合的理想之地。但是,20 世纪 50 年代末,当法属阿尔及利亚的命运岌岌可危时,加缪不得不正视自己的出身,并在持续不断的冲突中明确自己的立场,就像他在遗作《第一人》中所展现的那样。也许正因为如此,这部小说才成为引导读者了解加缪作品的最佳入门读物,因为它清晰地展现了加缪拒绝正视历史的根本原因,以及他对自然的崇敬之情的来源。

加缪的小说中显露无遗,但此前一直被深藏或掩盖的,是对法国移民、对法属阿尔及利亚的赤诚拥护。这是一种坦白,一种真实情感的展现:对加缪来说,法国对阿尔及利亚的控制比任何事情都更加重要。这是他的作品、他的排外情绪。透过叙述者的视角,种族主义被视为人性的一环,最终成为小说中正面人物的一种合乎情理的反应。在这里,加缪也把他的卑微出身当作一把利器,有时隐晦地表示,这种出身为他带来了一些其他出身显赫之人所欠缺的觉悟和真实性。这也是对萨特的又一次影射。

这或许令人惊讶:在为法属阿尔及利亚辩护的过程中,主要的阻力并非来自阿拉伯反抗者,而是来自法国反殖民的左派。在另一段意味深长的叙述中,一个移民,同时也是一个葡萄园庄园主,正在铲除地里的葡萄树,以防阿拉伯人在收回土地后从中受益。当科尔梅利要求对方做出解释时,对方用一种充满讥讽的语气回答:"年轻人,我们在这里的所作所为既然是种罪过,那就必须清除。"

加缪将这个庄园主塑造成一个悲剧人物:作为一名黑脚老人,"在巴黎受到侮辱"的一群人中的一员,他的勤劳令人敬佩。然而,他对葡萄园的破坏却让人联想到了法国征服阿尔及利亚过程中最黑暗的一段历史:1840年,阿历克西·德·托克维尔的朋友,拉莫里西埃将军和未来的阿尔及利亚总督比若,同意采取系统性的策略,有意毁坏阿拉伯人的农田,以"阻止阿拉伯人享受他们土地的成果"。他们将橄榄树连根拔起,肆意破坏或随意没收农田,这是法国征服阿尔及利亚历史上的黑暗时刻。在被迫离开那片被征服之地时，法国人又一次摧毁了那里的耕地，但这一次加缪将他们描绘为受到不公正对待的受害者。

《第一人》这部未竟之作成为白人移民宣泄怨恨的舞台。尤其是，书中对大都会（指巴黎中央政府，也泛指法国本土）的怨恨贯穿始终。比如，在这段对话中，一个黑脚农民对主角科尔梅利，即加缪的另一个自我说道："（考虑到安全，）家里人我都打发到阿尔及尔了，要死我也死在这儿。巴黎那里的人不理解这一点。"农民对法国的仇恨之深，让他对那些暴力反抗法国统治的阿拉伯人有了更多的敬意。这个农场主劝说他的阿拉伯工人参加阿尔及利亚抵抗运动，因为"法国没有男子汉"——也就是说，黑脚会因为法国人的懦弱而失败。这是主角作为白人移民的无奈，他觉得自己被巴黎背叛了，因此对阿尔及利亚抵抗运动的兴起无可奈何。

这部作品的另一个主题涉及对史前时代的向往。加缪透过科尔梅利的视角，将自己置于被撕裂的两个世界之间，正如将欧洲和阿尔及利亚隔开的地中海一般：

> 地中海隔开了两个世界：在一个世界，前尘

> 往事和姓名都被保存在有限的空间里；在另一个世界，风沙在广袤的大地上抹掉了人的踪迹。

也就是说，阿尔及利亚是一个没有记忆、没有人类痕迹的地方。在这里，加缪再次把阿尔及利亚（和阿尔及利亚人）与无名无分的概念画上等号，而且在道德层面将其与人类历史无关紧要的地方相提并论，这使得对原住民的过往，以及对殖民主义的近代史的否定成为可能。

这本书的书名也是对另一种往昔的呼唤。它蕴含的《圣经》意味不言而喻，而且有趣的是，加缪曾打算将书中的主人公命名为亚当。这是黑脚或殖民者从未说出口却暗藏于心的一种幻想：他们自视为亚当与夏娃，认为这片土地无人涉足。这是一种将欧洲殖民者和欧洲神话奉为万物之本源的世界观。例如，在加缪的笔下，故事的主人公"出生在没有祖先，也没有记忆的一片土地上……在这里，老年人丝毫得不到在温情的文明国家的那种救助"……

科尔梅利以典型的加缪式的风格，在一段漫长的意识流中将自己视为自然的一部分，这便是这部小说的结尾：

> 而他，宛如单刃刀片，颤动不停，最终难免

咔吧一声,永远折断。对生活的一种纯粹的激情要面对一种全面的死亡,当下他就感到生命、青春、生灵渐渐离他而去,自己却丝毫无力挽救,仅仅沉溺于盲目的希望:但愿这种多年来支撑他驾驭岁月,不限量地供应养分,抗衡最艰难的环境的隐秘力量,还会同样慷慨奉献,像当初源源不断地赋予他生存的理由一样,也赋予他安于衰老并毫不抵触地死去的理由。

这股"隐秘的力量"即加缪思想的象征,它既具有优越性,又存在局限性;这股力量既是对理性的抗拒,又是对自然的回归:加缪只是群体中的一员,犹如大海中涌动的一朵浪花。这种与自然的融合曾帮助加缪超越和逃离殖民的现实。但如今,这种途径已不复存在,我们唯有倾听加缪那感人至深的呼吁,希望这股力量能在失败中给予他支持。他明白,重返"美好昔日"的梦想已成幻想,他对法国人作为"阿尔及利亚原住民"进行殖民的幻想也被瓦解了。加缪的失望无以言表。

他曾经梦想一个由自然而非社会主宰的世界,但在他发表的处女作中,这个梦想就已经破灭。回顾《局外人》,

我们可以发现,那个阿拉伯人之所以遭到迫害,不仅是因为他侵入了默尔索与海洋、太阳交融的神圣空间,更是因为他宣告了阿拉伯"作为第三方"崛起的必然性。《第一人》既展现了一种对这一新现实(阿尔及利亚独立,见图7)的含糊否定,也流露出对旧殖民秩序的长久哀悼。

在这部遗作中,加缪始终陷于两难境地,他既有改革主义、社会意识倾向,又怀着对阿尔及利亚与法国永久紧密相连的矛盾渴望。他以一种别出心裁的方式为法国对阿尔及利亚的殖民行为辩护。他既没有提及法国的开化使命(这是法国几个世纪里一直奉为圭臬的论据),也没有提及殖民是为了维持法国的大国地位(这是加缪有时候倾向于

图7 阿尔及利亚民族解放战争结束后,当地人民在阿尔及尔欢庆胜利

使用的现实主义观点），而是将黑脚塑造成了革命者。这个新颖的论点是他在《第一人》中首次提出的，也是他对化解这个矛盾的最后一次尝试。

加缪写道，阿尔及利亚的早期移民曾经参与1848年法国革命。具体来说，他们是当年6月发生的反革命镇压的受害者，于是背井离乡，来到了阿尔及利亚。但是，历史学家们对"阿尔及利亚存在一个支持革命的法国工人阶级"这一说法提出了疑问。据研究这个问题的权威历史学家夏尔-安德烈·朱利安（1891—1991）所言，在法国政府镇压1848年6月的起义后，前往阿尔及利亚的法国工人反而变成了压迫者："那些在1848年6月的起义中幸存的工人和手工业者……正是对阿拉伯人最为残暴无情的群体。"

加缪试图以1848年的革命斗争为法国移民在阿尔及利亚的存在辩护。这种观点对加缪来说是罕见的，因为他一向否定将人类历史作为参照。但是，为了黑脚的利益，加缪甘愿舍弃一切，包括他自己的信念和超越历史的原则。

《第一人》是加缪对黑脚的歌颂和捍卫。这是一部悲剧性的作品，加缪在其中首次正视了自己的矛盾，并毅然站在了法属阿尔及利亚的立场上，正如他在1958年5月的日记中所言：

> 我要做的就是写作，以及在家人和人民的自由遭到威胁时奋起抗争。仅此而已。

加缪选择了他的出身和身份，而非正义，这一象征性的抉择在他获得诺贝尔文学奖后的斯德哥尔摩新闻发布会上得到了体现。在被一个阿尔及利亚民族解放阵线的激进分子质问，为什么选择支持东欧人而不是阿尔及利亚人的事业时，加缪回答道："我相信正义，但在正义之前，我将保卫我的母亲。"这是一个令人费解的回答，因为它间接承认了法国殖民制度是非正义的。换言之，加缪的回答既是对母亲的保护，也是对阿尔及利亚民族解放阵线事业的正义性的认同。阿尔及利亚的局势让加缪心烦意乱，正如他在日记中所写："……阿尔及利亚让我魂牵梦萦。但一切都为时已晚……我的故土不复存在，我也将一事无成。"

加缪无法想象阿尔及利亚的独立，也无法想象自己与法属阿尔及利亚分离。这成为他的"沙漠红线"，一道不容跨越的边界，一个终极禁忌。阿尔及利亚是法国殖民帝国的璀璨明珠，它对法国如此重要，以至于法国政府将它列为法国的一个地区。

这是一种军事和行政上的征服。殖民时期的阿尔及利亚对加缪生活的影响巨大。然而,令人困惑的是,对许多观察者和读者来说,他们印象中的加缪在支持法国对阿尔及利亚行使主权的同时,又能够巧妙地运用人文主义的言辞进行辩护。这种矛盾在加缪生前折磨着他,但他已成功解决这种困境的错觉至今仍在延续。

然而,在某个层面,加缪确实解决了这一困境。1956年,随着阿尔及利亚的独立变成大势所趋,他提出了一个更富远见的折中方案。他主张给予阿尔及利亚人近乎完全的自治权,建立两院制。具体而言,阿尔及利亚设立两个议会,一个代表阿尔及利亚人,一个代表法国移民,国家权力通过议会平等分配,但军事和经济领域仍由法国掌管。该方案意味着将阿尔及利亚的日常行政管理交给阿尔及利亚人负责。尽管加缪低估了法国和阿尔及利亚双方力量的不平衡性,但他为阿尔及利亚提出的这一方案在许多方面与许多前法属非洲殖民地的现状相似。这些国家虽然已获得主权,却仍然使用法国货币,同时是法国的重要经济利益所在地和军事基地。而这种相似之处在一定程度上也解释了为什么我们可以从他的思想中为如今的新殖民主义现实找到理由,以及为何如此多的现代西方政治和文化人物将他视为同人。

第七章

加缪的遗产

1957年10月的一天,加缪在吃午餐时得知自己获得了诺贝尔文学奖。他当时还不满44岁,成为仅次于鲁德亚德·吉卜林的最年轻的诺贝尔文学奖获得者。在得知这一消息后,他首先想到的是,他的偶像和良师安德烈·马尔罗比他更配得上这一殊荣。对加缪而言,1957年是令他备感沉重的一年,他渴望在阿尔及利亚民族解放战争正酣之际远离聚光灯——这个奖项却让他再次成为众人关注的焦点。新闻界对这一消息进行了大量的报道,其中有赞美之词,但也有来自批评者的抨击,包括加缪的昔日友人和导师帕斯卡尔·皮亚。诸多评论家确实质疑为何马尔罗没有获得这一殊荣。

加缪前往斯德哥尔摩领奖，受到了诺贝尔奖委员会和当地显要人物的盛情款待，但是，正如我们所知，他在问答环节遭到了一名阿尔及利亚学生的质疑。加缪那句将孝道置于正义之上的名言，被法属阿尔及利亚的支持者解读为对恐怖主义的谴责，而在阿尔及利亚独立的支持者看来，则是对殖民秩序的辩护。这一观点引发了广泛的轰动和全球范围内的争议，而这正是加缪所不愿面对的。

仅仅两年后，加缪就在一场车祸中不幸身亡。或许他会说他的死毫无意义，但它确实能让我们一瞥他的个人生活。这场事故发生在他从法国南部卢尔马兰的乡村别墅返回巴黎的途中。原本他计划与妻子以及两个孩子一同乘火车返回，但他后来答应与出版商米歇尔·伽利玛及其妻女同行。车祸发生几天后，伽利玛因伤势过重去世，而伽利玛的妻子雅尼娜和女儿阿努什卡幸免于难。在车祸发生之前两天，他们的旅途相当愉快，一行人乘坐伽利玛的新款跑车出行，途中还两次在米其林星级餐厅用餐。

在启程前往巴黎之前，加缪写了许多信，其中3封分别寄给了他当时的情人，包括被他亲昵地称为"Mi"的丹麦模特梅特·艾弗斯，曾参演他戏剧的凯瑟琳·塞勒斯，以及他一生中最爱的人，玛丽亚·卡萨雷斯。加缪在信中向她们告知的抵达日期不尽相同。后来有不少记录加缪的这一风流韵事的出版物，其中包括一篇描述他生命的最后时光的长篇报道，以及一部收录他与卡萨雷斯往来通信的巨著。后者于2017年出版，内容横跨15年的时间，囊括了近900封长信、短信和电报。（在加缪逝世近60年后，这本书在法国成为畅销书。）卡萨雷斯在加缪的生活中扮演着如此重要的角色，以至于连弗朗辛·富尔自己也在丈夫葬礼当天表达了对她的关心。

1960年6月4日及随后数日，加缪离世的噩耗震惊了大众，这是法兰西的悲剧。当时正在罢工的法国广播员为此暂停了他们的行动，以便传达这一重大消息。电视台的镜头、无数媒体人、加缪的亲朋好友齐聚卢尔马兰，为他送行。在大西洋彼岸，《纽约时报》也撰文悼念他那"荒诞的死亡"。

加缪去世后，他的遗产引发了争议。《第一人》的手稿从车祸残骸中被寻获，却在马尔罗的指示下被当局先行收缴，后来才交还加缪的家属。他的密友们，包括诗人勒内·夏尔、让·格勒尼耶和小说家路易·吉尤，经过深思熟虑，决定暂缓出版这部作品，因为他们担心这可能会在阿尔及利亚战火纷飞的时局中激化各方的政治对立情绪。

在加缪逝世之际，因为荣膺诺贝尔奖以及在随后的新闻发布会上就阿尔及利亚问题与他人激辩，他虽然声名远扬，却未受到广泛欢迎或认可。直到他去世后，他才不仅成为著名的作家，还演变为一种文化现象。他的声望在苏联解体后达到了新的高度。他的作品被翻译成多种语言，而《局外人》更成为许多西方国家高中课程的必读之作。他的多部小说和短篇故事作品被搬上银幕，他的戏剧在全球舞台上演，他的作品还被改编成漫画，还有无数学术著作探讨着他的创作。各色政治人物频频引述加缪的言辞，学者们也借助他的思想来为各种常常相左的立场辩护。加缪最为著名的小说《局外人》成为一首流行歌曲的直接灵感源泉，一位阿尔及利亚作家还为它创作了一部续集小说。

加缪的作品到底有何魅力，竟能激起如此多的人引用、探讨，并从中汲取书、电影和歌曲的创作灵感？

占有加缪的思想

加缪之所以风靡当下，或许是因为他的思想富有抽象性，易于转移。他对自然和死亡的抽象感悟引起了读者的共鸣,但并未明确告诉读者如何应对这种感悟。他的著作也不囿于任何特定的信仰体系。加缪没有宣扬一套方案或一种意识形态,这或许正是他广受欢迎的部分原因所在。

当然,这种抽象性为人们试图"占有"加缪的思想提供了机会,但也导致了许多误解。《反抗者》一经问世,便在阿拉伯世界引发了一场极为惊人的误读,它被广泛视为一种萨特主义,一种支持去殖民化力量的革命宣言。备受尊敬的美洲原住民学者维恩·德洛里亚称赞了加缪在《反抗者》中强调自然胜过人类历史的部分,但是加缪之所以重视空间(自然)而轻视时间(历史),并非出于对自然本身的钟爱,而是因为他相信人类历史的演进必将促成原住民的解放,进而导致法属阿尔及利亚的覆灭。诚然,加缪在他的一生中公开支持过诸多事业,但皆因时而变,这也使得他那些短暂的承诺受到了各异的解读。加缪被描述为人道主义者、无政府主义者、社会民主主义者、殖民主义者,甚至反殖民主义者。

如今,让加缪遭受各种不同解读的,不单是他的思想和各项承诺,还有他的极高声望。比起被误读,加缪的思想更多是被"据为己有"。保守派思想家诺曼·波德霍雷茨曾说,加缪的思想"值得占有"。加缪的作品为那些希望将加缪的声望与自身事业挂钩的人提供了契机，因此，他在政治谱系上受到各方的认同，包括主流政党，以及激进的阿拉伯知识分子和法国无政府主义者。加缪长期以来的对手，法国共产党，也常在一份每日报纸的头版引用他的言论。

正如人们所预料的那样，法国政界人士是这种做法的领头者：极右翼的国民阵线的领袖玛丽娜·勒庞在2015年1月发表于《纽约时报》的专栏文章中，就引述加缪的话作为开场白。法国中立派总统埃马纽埃尔·马克龙仿效加缪的修辞风格，而加缪全集精装本也出现在马克龙的官方国家肖像上，后者陈列在法国各地的市长办公室中。法国前总统尼古拉·萨科齐的演讲文稿作者也常常引用加缪的话语。2009年，萨科齐提议将加缪的遗骸迁入先贤祠，那是法兰西共和国伟人的长眠之所。加缪的儿子让否决了这项提议，使遗骸留存原处，由此引发了一场争议。

那些试图将加缪思想据为己有之人在政治观点上各执一词：法国无政府主义者特别强调将加缪视为他们的伙伴，例如，法国无政府主义者联盟的领袖们编写了一本文集，名为《自由主义者的著作》(*Écrits libertaires*)，在法语中指的是一种无政府主义流派，书中也收录了加缪的几篇短文。伊拉克诗人阿卜杜·瓦哈布·白雅帖公开称赞加缪是革命的支持者。与此同时，美国总统小布什也透露，他在2006年夏（伊拉克战争期间）阅读了《局外人》。

于是，西方政治家们描绘了一个简化版的加缪形象，该形象与阿拉伯知识分子和法国无政府主义团体在20世纪五六十年代将加缪视为革命者的愿景恰恰相反。加缪成了一种方便的替身，象征着一种只会空喊口号而没有具体实施细节的人道主义，因为加缪在提及政治时，往往不太愿意明确地表达自己的立场。

加缪不愿公然站在法属阿尔及利亚的亲法派和争取独立的阿尔及利亚民族解放阵线之中的任何一边。他的折中主义在某种程度上说明了他为何受到西方领导人的青睐，后者打着人道主义和民主的旗号，干涉前殖民地的军事和经济事务。从根本上说，这正是加缪的悖论所在：他在许多人眼中是启蒙运动与殖民压迫之间不可调和的矛盾的化身。这也是他在西方世界如此重要的原因：他是法国——乃至整个欧洲的殖民历史和新殖民现实的理想化愿景。

加缪虽然自己终究难以维持中庸之道，但体现了妥协的精神。他最终选择了殖民主义的立场，在一次采访中断言阿尔及利亚的独立诉求是"感情用事",并毫不留情地对此表示了反对。这些说法和文字作品常常被人遗忘,因为它们与人们心目中的加缪形象格格不入,人们认为他是一个超脱于政治纠葛和牵绊的人道主义者。然而,这种人道主义与殖民主义之间的矛盾在他的许多作品中早已显露,只是表现程度有所不同罢了。

文化偶像加缪

加缪在文化领域也享有盛名。在流行文化中——尤其是在电视节目中让一个角色引用加缪的文字,是一种巧妙的手法,可以彰显这个角色乃至整个节目的学识。引用的内容并不重要,关键是提及加缪的姓名。

加缪的作品在电影界也掀起了长达数十年的热潮,许多影星,包括阿兰·德龙、威廉·赫特、维果·莫腾森、马塞洛·马斯楚安尼,都因受到加缪的影响而向这位作家表示敬意。主要的电影化改编往往将他的作品奉为定格在时间中的不朽经典。另一个例子是流行乐队"治疗乐队",他们的第一首热门单曲《杀死一个阿拉伯人》,曾是20世纪80年代初期欧洲部分青年的赞歌。然而,虽然这首歌概述了《局外人》中的关键场景，但它也反映和扩大了小说中潜藏的对阿拉伯人生命的漠视。阿拉伯人的死亡只是一根导火索，一个引发西方观众进行深刻的存在主义思考的契机。

无论是歌曲还是小说，都含蓄地暗示了一个不言而喻的事实，那就是有比杀死一个阿拉伯人更重要的事情。小说传达的愤慨情绪，不是因为默尔索杀了一个阿拉伯人，而是因为他没有哀悼自己的母亲而被判处死刑。这首流行歌曲残酷地放大了这种愤慨，一些法国人起初甚至不敢相信这首歌是关于《局外人》的，因为它对小说中的核心事件视若无睹。最终，政治形势的变化和治疗乐队在全球的走红，促使乐队修改了歌词，并将歌名改为《亲吻一个阿拉伯人》。讽刺的是，这种改变呼应了许多评论家对加缪作品整体所做的尝试：为了特定的政治或商业目的，磨平作品中的棱角。

在法兰西共和国，加缪无疑是一位世俗的圣者，代表着这个国家的理想。他毕竟是一个谦逊的儿子，母亲是清洁工，父亲是葡萄园工头，死于一战的战火。在法国及其教育制度的扶持下，他成为一位知名的作家和诺贝尔奖得主，这些成就本身就是对法国教育制度和法兰西共和国的一种赞誉。加缪在法国已经成为一种不容亵渎的存在。在某种程度上，人们认为批评他就等于批评法国本身。

批评也无异于"杀鸡取卵"：在出版界，加缪的作品是相当可观的收入来源。他的视角与其他法国作家的不同：他在讲述殖民背景下发生的故事的同时，掩饰了对原住民的压迫。大多数19世纪的法国作家要么陶醉于殖民主义，要么为之感到十分痛苦，而加缪在他最著名的两部小说《局外人》和《鼠疫》中，对殖民主义漠不关心。他压抑了殖民主义的潜意识，而这种压抑有力解释了他持久的魅力。

然而，加缪不仅仅激起了他人向他致敬或试图"占有"他的思想。2013年，阿尔及利亚的记者、小说家和年代史编者卡迈勒·达乌德创作了《默尔索案调查》这部大胆而具有独创性的小说，自行延续了加缪《局外人》的后续情节。从结构上看，达乌德的小说更像是《堕落》而非《局外人》，因为它采用了长篇独白的形式，伪装成两个人之间的对话。主人公哈龙正是默尔索杀害的那个阿拉伯人的弟弟。小说一开场就质疑了原著中单方面的欧洲愿景。我们了解到那位被害者名叫穆萨，穆萨的家人对此悲痛万分。这种悲痛不仅来自这桩惨案本身，还在于加缪和法国社会对阿拉伯人群体及其遭遇的完全漠视。作为报复,哈龙随机杀死了一个年轻的白人,因此被捕入狱。

然而,《默尔索案调查》并不是一部揭露现实的作品,因为我们很快就会意识到,这本书也是在向《局外人》致敬。实际上,达乌德笔下有诸多章节和情节都极具加缪风格。譬如,达乌德借穆萨之口质疑了阿尔及利亚的一党专政。在小说中,穆萨被捕入狱,随后遭到阿尔及利亚民族解放阵线一名军官的痛斥,后者手持阿尔及利亚的新国旗在穆萨面前挥舞,就如同《局外人》中的检察官向默尔索挥动十字架一般。达乌德与加缪同受一系列文化价值观之困扰,这些价值观与他们眼中的异化政权相关,包括法兰西共和国和新生的阿尔及利亚。达乌德的小说既批判了加缪的殖民偏见,也赞美了他对法国社会其他方面的冷酷批判。

《命运》是另一部风格迥异的加缪式电影,由土耳其导演泽基·德米尔库布兹于2001年根据《局外人》改编而成。在这部影片中,默尔索的角色名叫穆萨。他谋杀了两人,却因为另一宗与他毫无牵连的谋杀案而被起诉、定罪,最后被宣判无罪。这部电影以土耳其为故事舞台,这个位于欧洲和中东之间的地理和文化交会点让故事得以摆脱殖民主义的枷锁。在这样的环境下，种族无足轻重，穆萨的冷漠更令人心惊。在一个家庭价值观、工作和祖国主导的世界中，德米尔库布兹将其中所孕育的深深的社会异化提升到艺术的高度，就像加缪在《局外人》中以基督教价值观、办公室生活和社会阶层上升为素材所做的那样。

加缪的精神长存

或许正是加缪的卑微出身，使他成为一位杰出的作家，一位能让天南地北的读者感同身受、产生共鸣的作家。这种说法似乎是一种讽刺。与绝大多数备受推崇的法国小说家不同，加缪生于一个贫困的家庭；在他声名远扬之前，能否赚取足够的金钱并过上安逸的生活，一直是他心中的焦虑来源。在年轻时，加缪总是得琢磨谋生之道。他在中学时就开始了打工生涯，大学期间也是一边求学一边谋生，从事着各种平淡无奇的工作，在办公桌前做着单调枯燥的重复性劳动。加缪最知名的作品《局外人》映射了这样一段经历。加缪塑造了法国小说中一种新颖的英雄形象——办公室职员，并真实地刻画了一个办公室职员，他笔下的故事也并非社会阶层上升的典范。

加缪最卓越的才华——将新的规则、新的社会现象和新的生活方式升华为艺术的能力，在他对幸福的理解中得到了淋漓尽致的体现。1936年，左翼联盟人民阵线赢得大选，随着罢工和工厂占领运动的兴起，政府保障了法国工人的假期，缩短了其每周工作时长。大多数人开始骑上自行车外出游玩，与大自然展开了一系列全新的互动。人们纷纷涌向海滩、山区和乡村。这是一次全民范围的自然探索，使大多数法国人的日常生活发生了翻天覆地的变化，其影响一直延续至今。自然成为幸福的源泉，一条逃离无常生活的道路。

随着这些变化的发生，就在几个月后，加缪首次提出了关于幸福的理念，一种与自然之间的特殊联系，与阳光和海滩亲密互动的欢愉时刻（加缪明确指出，持续时间不宜过长）。这是一种幸福的源泉，为毫无意义的生活增添了丰富的色彩。其中的关键在于，加缪对荒诞的认知和体验凸显了幸福的重要性，因此二者紧密相连。加缪的幸福是周末度过的美妙时光，是愉悦的滨海之旅，是在自然中的远足。这些如今在我们看来或许习以为常的事情，在20世纪30年代却是令人激动不已的新鲜事。

而且，加缪以一种独一无二的方式刻画了这种新的生活方式。他卓越且独到的才华使他能够将周遭世界中新的社会现实以幸福的形式融入作品。他对自然的感悟，在其他人看来是一种弥足珍贵的精神食粮，在读者心中引发了强烈的共鸣，因为这与许多人当前的生活方式紧密契合。加缪是一位卓越的作家，能够捕捉读者（也包括他自己）生活中的日常平凡时刻，并将它们转化为艺术。然而，他也深受殖民地与法国本土之间矛盾的困扰。加缪的作品不仅反映了他的殖民地教育背景，还凸显了这种背景所带来的种种缺陷，尤其在他的小说和戏剧中，我们会发现他很少刻画重要的阿尔及利亚人物形象。

慷慨与冷漠之间的这种内在冲突贯穿他的作品，认识到这一点是审视加缪的文学创作的必要途径。这种矛盾也使他成为当代西方强权的文化和政治矛盾的文学象征，一种既有压迫性又具解放性的启蒙，他受到某些群体的推崇，也遭到另一些群体的责难。加缪是当今全球化时代的文学巨匠。

致谢

本书的问世离不开弗雷德里克·詹姆逊的支持和指导。我也要感谢弗雷德里克·埃拉尔,他和埃兹拉·苏莱曼在一个动荡的时期为我提供了创作空间。我还要感谢法比安·勒当泰克、萨拉·萨马迪、达林·沃特斯、胡安·桑切斯-马丁内斯、约翰·克拉奇菲尔德和马特·埃什尔曼。

一本书的创作需要借鉴其他许多评论者的多元视角,我要感谢写过关于加缪的著作的作家们的共同启发,尤其是伊恩·伯查尔、爱丽丝·卡普兰、康纳·克鲁斯·奥布赖恩和爱德华·萨义德。

我在北卡罗来纳大学阿什维尔分校的学生们在不断追求知识的过程中，展现了加缪人生历程中的一些不俗品质。他们是我的灵感源泉。

卡罗尔·阿西曼（1964—2015）和帕斯卡尔·卡萨诺瓦（1959—2018）都过早逝世。他们两人曾以不同的方式协助我创作这本书，我对与他们的这段情缘心存感激。

最后，我要感谢我的妻子特蕾西·海耶斯，若没有她的帮助和支持，本书就无法完成。

大事记

1913年11月7日：阿尔贝·加缪出生于蒙多维（法属阿尔及利亚）

1914—1918年：第一次世界大战。

1914年：加缪的父亲在马恩河会战中受伤并去世。

1924—1931年：获得奖学金，就读于阿尔及尔的一所中学。

1930年：庆祝法国占领阿尔及利亚100周年。肺结核首次发病。

1931年：结识了教授兼恩师让·格勒尼耶。

1932年：在阿尔及尔的大学深造。

1934年：与西蒙娜·伊埃成婚。两人在两年后分居，于1940年正式离婚。

1935年：加入法国共产党。

1936—1939年：西班牙内战。

1936年：投身戏剧事业，担任导演和演员。与人合著剧本《阿斯图里亚斯起义》。完成了关于普罗提诺的硕士论文。

1937 年：在阿尔及尔出版《反与正》。退出法国共产党。

1939—1945 年：第二次世界大战。

1939 年：发表名为《卡比利亚的苦难》的系列文章。

1940 年：法国当局查禁了帕斯卡尔·皮亚和加缪的报社。返回法国，为巴黎的一家报纸工作。与第二任妻子弗朗辛·富尔完婚。

1942 年：在敌占区巴黎出版了《局外人》和《西西弗神话》。在法国山区养病，缓解肺结核带来的痛苦。与远在阿尔及尔的妻子弗朗辛·富尔分离。

1943 年：在年底加入法国抵抗运动。

1944—1947 年：在法国主要的抵抗运动报纸《战斗报》担任社论作家。

1944 年：出版戏剧《卡利古拉》。在诺曼底登陆日遇到了日后的情人、著名女演员玛丽亚·卡萨雷斯。

1945 年：在欧洲胜利日，塞提夫和盖勒马发生了针对阿尔及利亚人的大屠杀。谴责用原子弹轰炸广岛和长崎。双胞胎孩子卡特琳和让出生。

1947 年：出版《鼠疫》。

1949 年：戏剧《正义者》上演。

1951 年：出版《反抗者》。

1952 年：与让-保罗·萨特决裂。

1954—1962 年：阿尔及利亚民族解放战争。

1956 年：提出"民间休战"的方案，但被阿尔及利亚冲突各方拒绝。发誓在这场战争期间不再公开干预。出版《堕落》。公开谴责苏联对匈牙利局势的干涉。

1957 年：出版《流放与王国》。获得诺贝尔文学奖。

1958 年：出版关于阿尔及利亚的系列文章《阿尔及利亚纪事》。

1960 年：与出版商米歇尔·伽利玛同行时遭遇车祸身亡。

1994 年：遗作《第一人》出版。

2009 年：萨科齐提议将加缪的遗骸迁入先贤祠。

2017 年：加缪与玛丽亚·卡萨雷斯的往来通信出版。

参考文献

文献的所有翻译工作均由本书作者完成。

第一章　生于阿尔及利亚的法国之子

1. Ch.-Robert Ageron, *Histoire de l'Algérie contemporaine* (Paris: Presses Universitaires de France, 1994) 62–3
2. Baudelaire, *Œuvres complètes I* (Paris: Gallimard, 1992)
3. Albert Camus, *Œuvres complètes I* (Paris: Gallimard, 2006) 44
4. Albert Camus, Jean Grenier, *Correspondance 1932–1960* (Paris: Gallimard, 1981)
5. Alexis de Tocqueville, 'Travail sur L'Algérie', 1841. *Œuvres I* (Paris: Gallimard, 1991) 704, 706
6. Charles-André Julien, *Histoire de l'Algérie contemporaine, tome I* (Paris: Presses Universitaires de France, 1979)
7. Herbert Lottman, *Albert Camus a Biography* (New

York: Doubleday, 1979)
8. Lacheraf Mostefa, *L'Algérie: Nation et société* (Alger: Ed. Casbah, 2004)
9. Olivier Todd, *Albert Camus, une vie* (Paris: Gallimard,1996)

第二章　加缪，从记者到社论作家

1. Boussetta Allouche, *Albert Camus n'a pas compris les Kabyles* (Paris: L'Harmattan, 2017)
2. Albert Camus, *Œuvres complètes I* (Paris: Gallimard, 2006)575, 585, 646, 656
3. Albert Camus, *Œuvres complètes II* (Paris: Gallimard, 2006) 9–25,618
4. Albert Camus, *Œuvres complètes IV* (Paris: Gallimard, 2008) 351
5. Alice Kaplan, *Looking for The Stranger* (Chicago: U of Chicago Press, 2016)

第三章　加缪与荒诞主义

1. Albert Camus, *Œuvres complètes I* (Paris: Gallimard, 2006) 106, 228–9, 233, 257–59, 283
2. Albert Camus, *Œuvres complètes III* (Paris: Gallimard, 2008) 824, 1010
3. Albert Camus, Francis Ponge, *Correspondance 1941–1957* (Paris: Gallimard, 2013)
4. Alice Kaplan, *Looking for The Stranger* (Chicago: U of Chicago Press, 2016)
5. Conor Cruise O'Brien, *Camus* (London: Faber, 2015)
6. Edward Said, 'Camus and the French Imperial Experience' in *Culture and Imperialism* (New York: Vintage, 1993)
7. Jean-Paul Sartre, *Œuvres romanesques* (Paris: Gallimard, 1981)

第四章　无缘由的反抗

1. Ian Birchall, 'The Labourism of Sisyphus', *Journal of European Studies*, Vol. 20, No. 2 (1990), 135–65
2. Albert Camus, *Œuvres complètes II* (Paris: Gallimard, 2006) 437, 453, 1010
3. Albert Camus, *Œuvres complètes III* (Paris: Gallimard, 2008) 660, 1008, 1177, 1243

第五章　加缪和萨特——决裂使他们形影不离

1. Ronald Aronson, *Camus & Sartre* (Chicago: U of Chicago Press, 2004)
2. Simone de Beauvoir, *La Force des choses I* (Paris, Gallimard,1972) 151, 158, 264, 354
3. Albert Camus, *Œuvres complètes I* (Paris: Gallimard, 2006)
4. Albert Camus, *Œuvres complètes III* (Paris: Gallimard, 2008) 412–30
5. Jean Grenier, *Albert Camus, souvenirs* (Paris: Gallimard, 1968)
6. Agnes Poirier, *Left Bank* (New York: Holt, 2018)
7. Jean-Paul Sartre, *Situations I* (Paris: Gallimard, 2010) 126–46
8. Jean-Paul Sartre, *Situations IV* (Paris: Gallimard, 2010) 90–129
9. Jean-Paul Sartre, *Situations VIII* (Paris: Gallimard, 2010) 375–412

第六章　加缪和阿尔及利亚

1. Ch.-Robert Ageron, *Histoire de l'Algérie contemporaine* (Paris: Presses Universitaires de France, 1994)
2. Albert Camus, *Œuvres complètes II* (Paris: Gallimard, 2008) 1010

3. Albert Camus, *Œuvres complètes IV* (Paris: Gallimard, 2008) 751–915
4. Charles-André Julien, *Histoire de l'Algérie contemporaine, tome I* (Paris: Presses Universitaires de France, 1979)
5. Charles Poncet, *Camus et l'impossible trêve civile* (Paris: Gallimard, 2015)

第七章　加缪的遗产

1. Albert Camus, *Écrits libertaires (1948–1960)* (Paris: Indigènes Éditions, 2013)
2. Vine Deloria Jr, *God is Red* (New York: Putnam, 1973)
3. Yoav Di-Capua, *No Exit* (Chicago: U of Chicago Press, 2018)
4. John Dickerson, 'Stranger and Stranger: Why is George Bush reading Camus?' *Slate* (14 August 2006). <slate.com/news-and-politics/2006/08/why-is-george-bush-reading-camus.html>
5. Henri Guaino, *Camus au Panthéon* (Paris: Plon, 2013)
6. Norman Podhoretz, 'Camus and His Critics', *New Criterion* (November 1982)
7. Marine Le Pen, 'To Call This Threat by Its Name', *New York Times* (18 January 2015)
8. Kamel Daoud, *Meursault, contre-enquête* (Paris: Actes Sud, 2014)
9. *Yazgi* (Fate), Filmed and directed by Zeki Demirkubuz. Performances by Serdar Orçin, Zeynep Tokus, Engin Günaydin. Produced by Turkishfilmchannel, 2001.

插图来源

010 **图 1** 1920 年的阿尔及尔，加缪舅舅所在工厂的车间里，阿尔贝·加缪（7 岁）穿着一套黑衣服坐在中间（来源：Apic/Hulton Archive/Getty Images）

023 **图 2** 年轻的加缪在佛罗伦萨，穿着时髦（来源：Keystone-France/Gamma-Keystone via Getty Images）

043 **图 3** 1944 年，法国抵抗运动报纸《战斗报》的编辑部，从左至右：珀蒂·布雷东（身着制服者）、维克托·佩罗尼、阿尔贝·加缪、阿尔贝·奥利维耶（吸烟者）、让·布洛克-米歇尔（小个子，侧身）、让·肖沃（侧身饮酒者）、罗歇·格勒尼耶（正面，戴眼镜者）、帕斯卡尔·皮亚、亨利·卡莱、弗朗索瓦·布吕埃尔、塞尔日·卡尔斯基；前景人物：玛塞勒·拉皮纳和夏洛特·罗（来源：阿尔贝·加缪 /©Rene Saint Paul/Bridgeman Images）

080　**图 4**　加缪最具代表性的照片之一，由著名摄影师亨利·卡蒂埃-布列松于 1947 年拍摄（来源：©Henry Cartier-Bresson/Magnum Photos）

103　**图 5**　让-保罗·萨特和西蒙娜·德·波伏瓦（来源：David E. Scherman/The LIFE Picture Collection/Getty Images）

130　**图 6**　苦闷的加缪（来源：Kurt Hutton/Getty Images）

137　**图 7**　阿尔及利亚民族解放战争结束后，当地人民在阿尔及尔欢庆胜利（来源：REPORTERS ASSOCIES/Gamma-Keystone via Getty Images）

延伸阅读

加缪的魅力长盛不衰,关于他的著作不胜枚举,我在此仅挑选了其中的一些佳作。

传记类

目前,有两部关于加缪的重要传记备受关注。一部是赫伯特·洛特曼(Herbert Lottman)的详尽之作,该书于1979年问世时引发了些许非议,直到1985年才被翻译成法语出版[*Albert Camus: A Biography*(Corte Madera: Gingko Press, 1997)]。另一部是奥利维耶·托德的作品,它内容翔实,语言流畅,推荐阅读其法文版;英文版的内容在原版基础上进行了精简[法文版:*Albert Camus, une vie*(Paris: Gallimard, 1997);英文版:*Albert Camus, A Life*(New York: Carroll & Graf, 2000)]。还有爱德华·J. 休斯（Edward J. Hughes）的 *Albert Camus*（London: Reaktion Books, 2015）和罗伯特·扎雷茨基的 *Albert Camus: Elements of a Life*（Ithaca, NY: Cornell University Press, 2010），它们都表达了对加缪的高度赞誉。若欲探寻更多批判性的观点，还可参阅帕特里克·麦卡锡（Patrick McCarthy）的 *Camus: A Critical Study of his Life and Works*（London: Hamish Hamilton, 1982）。

关于加缪的作品或生活的特定方面的研究

Ronald Aronson, *Camus & Sartre: The Story of a Friendship and the Quarrel That Ended It* (Chicago: U of Chicago Press, 2004). 这本书详细探讨了加缪与萨特的决裂。

Alice Kaplan, *Looking for The Stranger* (Chicago: U of Chicago Press, 2016). 这部传记聚焦于加缪最知名的小说，从可能启发这部小说创作的真实犯罪案件到卡迈勒·达乌德的小说，内容引人入胜，研究入木三分。

Agnès Poirier, *Left Bank* (New York: Holt, 2018). 这是一本精彩的导读，透过对包括加缪在内的多位艺术家的描写，展现了1940—1950年巴黎的文学生活，同时也对加缪与西蒙娜·德·波伏瓦之间的复杂关系有独到的见解。

Conor Cruise O'Brien, *Camus* (London: Faber & Faber, 2015). 这部作品于1970年问世，对加缪的主要作品进行了解读，观点尖锐，言辞激烈，至今仍具有重要的意义。

Edward Said, 'Camus and the French Imperial Experience' in *Culture and Imperialism* (New York: Knopf, 1993). 该作品提出了若干独到的带有批判性的后殖民主义观点。